末端爆发

EXPLOSION AT TERMINAL

商业向心力竞争的深层逻辑

杜鸣皓◎著

中国工人出版社

图书在版编目（CIP）数据

末端爆发：商业向心力竞争的深层逻辑 / 杜鸣皓著.
—北京：中国工人出版社，2018.9
ISBN 978-7-5008-7060-9

Ⅰ.①末…　Ⅱ.①杜…　Ⅲ.①商业现代化—研究
Ⅳ.①F716

中国版本图书馆CIP数据核字（2018）第209750号

末端爆发——商业向心力竞争的深层逻辑

出 版 人	王娇萍
责任编辑	左　鹏
责任校对	董春娜
责任印制	黄　丽
出版发行	中国工人出版社
地　　址	北京市东城区鼓楼外大街45号　邮编：100120
网　　址	http://www.wp-china.com
电　　话	（010）62005043（总编室）　（010）62005039（出版物流部） （010）62379038（社科文艺分社）
发行热线	（010）62005049　（010）62005042（传真）
经　　销	各地书店
印　　刷	天津嘉恒印务有限公司
开　　本	710毫米×1000毫米　1/16
印　　张	12.75
字　　数	200千字
版　　次	2018年10月第1版　2018年10月第1次印刷
定　　价	39.00元

本书如有破损、缺页、装订错误，请与本社出版物流部联系更换

序言　中国崛起的机会：商业基础设施 2.0

过去，铁路、电力、银行、电视报刊、商业楼宇、集约化工厂等是重要的商业基础设施，借由它们之力诞生了数以百万计的传统商业体，正是由于这些商业基础设施的不断完善和发展，成就了上一轮传统经济的大繁荣，中国改革开放的前三十多年大都受益于此。

但自 2010 年至今，智能工厂、云计算、云物流、互联网金融、人工智能、移动智能终端、社交网络、数字货币、新零售等正在成为更重要的商业基础设施，它们重排着海量的要素资源，变革着低效的传统商业，它们之上已经诞生了且还在持续诞生着为数众多的新物种、独角兽企业，并且新物种的诞生越来越呈现出“爆发”之势。

与传统的商业基础设施不同，智能工厂、云计算、云物流、互联网金融、人工智能、移动智能终端、社交网络、数字货币、新零售等都是“面向未来的商业基础设施”，我称其为“商业基础设施 2.0”。基于社交连接、数据网络和智能应用，商业基础设施 2.0 正在对海量的商业体进行全面赋能，帮助它们深入商业的每一个末端，并因此正在成为推动中国经济新一轮发展和全球扩张的崭新动力，商业基础设施2.0将是推动中国改革开放新30年经济增长奇迹的绝对主力和责任担当。

未来中国崛起的机会不是工业4.0，也不是互联网+，而是“商业基础设施2.0”，让基于互联网、云计算、大数据、人工智能等构建的、面向未来的商业基础设施成为中国乃至世界通用的商业基础设施，让更多的腾讯、微信、阿里巴巴、菜鸟网络、华为这样的商业基础设施2.0企业扎根中国、走向世界，从而催化更多的中国的和世界的商业新物种、独角兽企业在这些商业基础设施2.0之上不断爆发。

杜鸣皓

2018年8月于北京

目　录

第一章 / 未来已来：面向未来的“商业基础设施”

一、连接时代：底层商业发生了什么 004

二、效率革命：是什么让供给和需求无缝对接 025

三、未来已来：商业基础设施 2.0 如何触摸商业末端 039

四、商业重构：企业和消费者消失，“用户”和“商业体”涌现 055

第二章 / 创新之国：末端爆发的商业新物种创造

一、末端爆发：蜂族时代、超级个体、IP 化生存 068
二、生态协同：商业基础设施 2.0 与“商业向心力”式崛起 083
三、区域红利：商业基础设施 2.0 与“区域经济”大爆发 091
四、数据战争：数据处理和应用能力决定“爆发”潜力 103

第三章 / 大国重器：进击的商业基础设施1.0与中国机遇

一、创新之国：商业基础设施2.0之上的“新物种大爆发” 116

二、商业之钥：谁掌握了末端，谁就掌握了竞争的主动权 131

三、连理嫁接：商业新物种是凭空而来的吗？ 139

四、优势锁定：商业新物种竞争升维与场景革命 150

五、社交红利：非对称优势与商业新物种“传染” 159

六、商业链爆炸：从商业新物种到独角兽 164

第四章 / 青年力量：每一个人尤其是年轻人都终将“爆发”

一、银行业大变革：互联网银行与数字货币 178

二、交通运输大变革：超级公路与智能高铁 181

三、通信行业大变革：量子通信与5G时代 185

四、办公空间大变革：智慧城市群与创客空间 188

五、能源行业大变革：新能源技术与能源互联网 190

六、基础服务大变革：厘米级定位导航服务 193

第一章

未来已来：面向未来的“商业基础设施”

一个“末端爆发”的全新商业时代已经到来，旧有的商业竞争逻辑正在被改写。

2010年至今，以互联网技术为特征的新兴商业在各行各业中加速洗牌传统商业，它们在商业末端表现出与传统商业完全不同的两大显著特点：一是“连接大爆炸”，二是“数据大爆炸”。

借由微博、微信、自媒体、兴趣社区等移动社交产品的广泛连接（也包括新兴商业自身的连接能力）和大数据、云计算、区块链、人工智能等数据产业的深度催化，新兴商业被赋予了强大的“末端触摸、末端对接和末端爆发”能力，从而让新兴商业相比传统商业在商业末端发生了一场前所未有的效率革命——供给和需求在很大程度上实现了超越时空的无缝衔接。

究竟是什么带来了底层商业的革命性变化和新兴商业效率革命的发生？答案是面向未来的商业基础设施——由网络连接和数据产业共同搭建的“商业基础设施2.0”，它们对商业末端发生的情况了如指掌，通过“商业基础设施2.0”的广泛连接和赋能作用，新兴商业体可以做出即时的商业响应和无缝的供需对接，从而带来商业的末端爆发。

本篇内容，将通过“连接时代”、“效率革命”、“未来已来”、“商业重构”四个章节来全景解读“商业基础设施2.0”的赋能逻辑和新兴商业在末端爆发的根本原因。

一、连接时代：底层商业发生了什么

商业的本质从来都不是“交换”、不是买卖东西，商业的本质是一套让商品、信息、货币等流通的“连接”系统，而价值交换仅仅是商业的表象。比如，谷歌是世界上最大的搜索引擎公司，它在美股中巨大的市值或者说它的商业价值在于为人们提供了什么“交换价值”吗？并没有，它只是提供了数十亿人的“信息连接”。

《货殖列传》是中国正史中的第一篇经济学专著。关于商业，司马迁在这篇脍炙人口的、描述中国商业史的鸿篇大作中讲道：“夫山西饶材、竹、谷、纑、旄、玉石；山东多鱼、盐、漆、丝、声色；江南出楠、梓、姜、桂、金、锡、连、丹沙、犀、玳瑁、珠玑、齿革；龙门、碣石北多马、牛、羊、旃裘、筋角；铜、铁则千里往往山出棋置：此其大较也。皆中国人民所喜好，谣俗被服饮食奉生送死之具也。故待农而食之，虞而出之，工而成之，商而通之。”

从《货殖列传》的描述中不难看出，在司马迁的商业思想认知中，商业是让物产丰腴和贫瘠的两地或多地的货物交换实现“畅通”，也就是说商业的本质是“让货物流通”，是构建两地或多地商品交换的通道，是“商而通之”，而不是交换。如果按照司马迁这一思想来判断，在万物互联的互联网时代，“连接”才是商业的本质。

事实就是如此，没有连接，便没有商业，企业拥有再多的商品，若没有连接购买者的能力，也不会产生任何商业价值。所以，如果我们要研究“底层商业发生了什么”，那么我们一定不可以忽视现实世界中的“连接”发生了什么。

1. 连接大爆炸

传统上一家餐饮店能够“连接”的人数大概是方圆1公里（半径）以内的顾客，合计大约3.14平方公里，以人口密集地每平方公里1500人计算，传统上一家餐饮店总覆盖大约是4710人。

而借助饿了么、美团外卖等网络外卖的渠道，一家餐饮店则可以“连接”方圆5公里（半径）以内的顾客，总面积达到了78.5平方公里，同等条件下总覆盖大约是117750人，并且通过线上订餐等功能，餐饮店还可以做到即时的服务响应。

也就是说，借助于完善的互联网位置服务、配送网络和移动智能终端，一家借助网络外卖的餐饮店可以实现25倍于传统餐饮店的“连接”规模。

一家小小的餐饮店的“连接能力”和“连接效率”，都呈现出了爆炸式的“指数级”提升，这就是底层商业正在发生的变化。

事实上，我们已经生活在了一个“连接大爆炸”的时代，包括社交连接、商业连接、生活连接、工作连接、信息连接、交易连接等很多种“连接”都呈现出爆炸发展的态势，这些连接对我们的传统商业社会进行着彻底的设施改造、要素重排甚至是模式颠覆，这就是“底层商业”正在发生的变化。

一套完整的商业系统要建立的“连接”，包括“商品流”、“资金流”、“信息流”以及“人流”等诸多方面的连接能力。现在，借助互联网技术，这些要素在流动过程中都已经呈现出“连接大爆炸”的态势。

比如，过去资金的“连接”渠道非常狭窄，连接效率也十分低下，仅限于一定空间范围内，如商店、银行和消费者的钱包等都是主要的连接渠道；如今，借助新兴的电商、互联网金融、网贷公司、信用体系、网络支付和各种移动生活 App 等工具，资金的连接渠道被大大地拓宽了，连接效率也被大大地提升了，理论上你的资金可以实时地和处在世界各地的商业体产生即时的“连接”；物流也同样如此，借助于菜鸟网络、丰巢网络等的“连接”系统，一件商品出厂之后（甚至在出厂前）理论上已经可以和全国各地的人产生实时的连接了。

而最能体现“连接大爆炸”的，当属人的“连接”数量的变化，在社交网络出现之前，人们的连接能力和连接效率被大大限制了，平均一个人能够“连接”的数量不超过千人。但按照六度空间理论，社交网络时代每一个人最多通过六个有效连接就能和世界上任何一个陌生人建立起联系，那么我们借助社交网络可以连接的人数将是在现实世界中认识人数的“六次方”，换句话说，我们只需要认识不到30个人，就可以与全世界60亿人建立起连接。

现实生活中，我们也深有感触，借助移动智能终端（手机等），我们自身的“连接”能力和“连接”效率都已经今非昔比，微信（包括微信群）、微博等社交媒体以及各种移动App将我们的连接数量进行“指数级”放大，连接的即时性也得到极大的保障，打车、找保姆、买电影票、交水电费甚至找对象，都可以在几秒钟之内建立起数量可观的、即时的“连接”。

“连接大爆炸”带来的不仅是底层商业的巨大变化，还包括很多传统商业业态被彻底重构和劣汰。

一个有千万粉丝的微博大V，所能够建立起来的连接，是过去发行量数万份报纸所不可比拟的，所以曾经风光无两的报纸被淘汰了；

一家外卖餐饮店能够建立起来的连接，是传统餐饮店所不可同日而语的，所以很多即便占据黄金位置的门脸房也都萧条了；

一个猫眼电影App（或微信电影）的连接效率，是传统卖电影票的窗口所望尘莫及的，所以电影院现在已经很少有人排队买票了，“窗口行业”的服务人数正在锐减；

一个支付宝能够连接的生活支付、资金储蓄、理财、借贷等服务的数量和效率，是传统商业银行所无能为力的，所以商业银行存款大搬家，成为可有可无的一种商业存在……

这个商业世界就是这么的残酷，不能和更多的人建立起有效率、连接更广泛的商业业态，难逃被淘汰的命运！不管你是曾经辉煌的国有企业，还是口碑甚佳的民营公司，抑或是世界知名的大牌跨国集团，没有“连接能力”的优势，没有“连接效率”的优势，就不会再有商业上的空间和未来，这便是“连接大爆炸”时代的底层商业正在发生的变化。

也就是说，“连接的价值”超越了传统“地理空间、配套设施”等方面的优势，成为更重要的商业基础设施，现在已经不是你占据了一个位置绝佳的门脸房、拿到一张垄断性质的业务牌照就可以坐地发财了，如果你不能有效地连接人，就将是无人光顾的“鬼屋”、“鬼城”以及一张无用的白纸。

同时，“连接”不是凭空而来的，“连接”是建立在新的面向未来的商业基础设施之上的，本章第三节中将会涉及这些内容。所以，在“连接大爆炸”的时代，商业体要重新思考，相比传统的黄金位置、成熟配套等，什么才是可以利用的更有价值的“商业基础设施”。

2. 社交涟漪与超级IP

2010年是中国“连接大爆炸”的元年，正是从这一年开始，智能手机等移动智能终端出现大爆发，新浪微博等社交网络真正地走进了人们的工作和生活，而各种新兴商业也第一次有了广泛“连接”的意识，开始“秉持社交网络的理念”来创新发展商业模式，掀起了一场轰轰烈烈的“连接大创造”运动。

几乎是微博等社交网络大爆发的同时，各种手机App雨后春笋般发展起来，它们都同时加入了一项重要的功能——读取你的“手机联系人”，你可以统计一下自己手机上的App，有多少App已经或一直在试图读取你的手机联系人，这项功能的本质其实就是要尝试建立广泛连接，因为“连接”背后正是巨大的商业红利。

从新闻阅读的今日头条、微信公众号，到知识分享的知乎、得到，再到招聘行业的猎聘、脉脉；从短视频行业的美拍、小咖秀，到运动行业的咕咚、悦跑圈，再到旅行短租行业的途家、小猪……它们都在疯狂地读取你的手机联系人，你是否已经意识到，几乎所有的新兴商业产品最终都是社交网络产品，几乎所有的新兴商业模式最终都是社交网络模式。

社交属性对新兴商业是如此的重要，以至马云赌博般地投入巨资要做“来往”，花费重金收购微博、陌陌，百折不挠地折腾支付宝圈子，重点培养阿里钉钉；社交属性对新兴商业是如此的重要，以至B2C电商一哥刘强东在京东美股上市前夜火线归于马化腾的腾讯麾下，因为他看到了微信爆发后的巨大社交红利。

社交连接对于商业是如此的重要，以至当一个人能够连接一万人的时候，他便开始具有了弥足珍贵的商业价值；当他能够有效连接十万人的时候，他就可以凭借这些连接成功创业；当他能够轻松连接一百万人的时候，就会有风投找上门要投资他；当他可以有效连接一千万人的时候，他就已经具备了重组一家年收入千万元规模传统零售公司的能力；当他可以成功连接一亿人的时候，他的个人商业估值将可以超过数亿元。

在很大程度上，一家公司的商业价值已经取决于它“连接”人的能力，而非像过去一样是一两款拥有专利或独创性的产品。那么，既然连接是如此的重要，我们就不得不追问这样一个问题：这些“社交连接”是如何“爆发”的呢？换句话说，企业应该怎样建立起广泛的“连接”呢？

作为一名在公关行业的新旧媒体转轨期磨砺八年的老兵，笔者可以很专业地给出答案：“社交连接”的建立离不开两个条件，一是不断引爆社交网络的“社交涟漪”；二是可以持续进行用户价值输出的“超级IP”。

所谓社交涟漪，是指一个引爆点性质事件或内容在社交网络中引发的涟漪式传播运动，如明星出轨事件引发的各种圈层中的社交传播、自传播，就是一个重要的“社交涟漪”（当然，出轨事件对于当事明星而言是一个负向的“社交涟漪”，它所形成的连接带来的是负向的商业价值)。而所谓超级 IP，则是指基于用户价值、形象价值等具有一定社交引力和忠实拥趸的社交个体或商业体。

当一个人或一个商业体具备了这两个条件，那么他或它就可以凭此建立起大爆发的“广泛连接”，更形象的说法是下面这则建立广泛连接的公式：

超级 IP × 社交涟漪 n=广泛连接

比方说，李诞是脱口秀领域的一个超级 IP，他具备持续的脱口秀价值输出的能力，当他的某一期《吐槽大会》中的吐槽引爆一波“社交涟漪”之后，他的“连接”规模将会在社交涟漪的作用下提升一个量级，可能从几万人扩大到十几万人，当一期又一期的《吐槽大会》中李诞的表现引爆一波又一波“社交涟漪”之后，他的“连接”规模也会随着社交涟漪影响的扩大而不断水涨船高，从“连接”十几万人扩大到“连接”几百万人甚至几千万人。

这里，我需要更形象地解释“社交涟漪”的形成过程，这有助于理解为什么社交涟漪能够带来更多的“连接”。在社交网络时代，信息的传播是如同水面涟漪一样随着圈层的扩展而不断向外辐射的。比如，当明星出轨事件被卓伟曝出之后，信息会沿着卓伟个人的社交媒体圈向外传播，信息沿着卓伟的社交圈形成第一个“社交涟漪”，当这一社交涟漪触及卓伟社交圈中的某 A 后，A 也在自己的个人媒体上评论转发或重新编辑发布了该则消息，信息又沿着 A

的社交圈形成第二个“社交涟漪”，A 社交圈中的某 B 看到消息后转发形成第三个“社交涟漪”……也就是说，这则引爆点性质的信息触及任何一个“社交点”上，都会形成一个新的社交涟漪，如此一来围绕着出轨明星、卓伟等少数几个“超级 IP”便形成了一个不断扩展的涟漪式传播运动。

“连接”就是借助“超级 IP”和一波又一波的“社交涟漪”形成的，这其中每一个社交点都会从信息的涟漪式传播中收获到新连接，但需要注意的是，不是所有的社交点都是“超级 IP”，而只有“超级 IP”才能够沉淀和积累最多的有效新连接，换句话说，“超级 IP”始终是社交红利的最大收割者，企业要想建立足够多的连接，就要致力于成为制造“社交涟漪”或收割社交涟漪红利的“超级 IP”。

比如说，美国总统特朗普就是一个网络空间中的“超级 IP”，他在推特上发布的言论总是能在网络中激起“涟漪”，他以个人独特风格的内容输出具备了驾驭网络空间的能力，随着一波又一波涟漪的扩大，他成功收割了一波又一波的社交连接，从而围绕“特朗普推特”建立起了广泛的信息传播的连接，所以他已经完全不需要像历届美国总统一样依靠 CNN、《纽约时报》《华盛顿邮报》《新闻周刊》和《时代杂志》等传统媒体的“连接”了，即便 90% 的媒体对特朗普的报道都是负面的，也不妨碍特朗普将自己的声音借助非传统媒体的渠道向外部传递，也正是“超级 IP”和“社交涟漪”成就了美国总统特朗普的“推特治国”传奇。

“超级 IP”和“社交涟漪”是彼此间不可分割的存在，没有一个超级 IP 会在远离社交涟漪的情况下长期存在，也没有一个社交涟漪能够在没有超级 IP 激活的情况下被莫名触发。

这句话读起来拗口，但并非不好理解，这就好比没有一个“网红”会持续红很久一样，因为他们往往无法长时间地引爆社交涟漪，而一旦不能持续引爆社交涟漪网红们就势必会陷入昙花一现的魔咒。所以，要想一直红下去，他们就必须围绕自己的“超级 IP”制造一个又一个“社交涟漪”，这也是为什么场景实验室的吴声认为“打造超级 IP 必须要有持续的内容输出”的原因，但他还是忽略了一点，并不是所有的内容输出都能够激起社交涟漪。

同样的道理，如果没有类似于网红们这样一些“超级 IP”在网络空间中存在，再好的内容输出也不会引爆“社交涟漪”，没有超级 IP 的网络空间就意味着所有的“连接”都是均匀分布或布朗分布的，而有超级 IP 的网络空间“连接”则是多中心分布的，“连接”的多中心分布正是“社交涟漪”触发的必要条件。

“超级 IP”和“社交涟漪”正是引发底层商业中“连接大爆炸”、“连接大创造”的重要原因之一，所以越来越多的互联网企业和新兴商业体渐渐重视起在网络空间中打造自己的超级 IP 并不断砸钱策划新闻事件来引爆一波未平一波又起的社交涟漪，这说明他们已经意识到不同于传统竞争理论的商业向心力竞争（末端爆发）这一底层逻辑的存在。

但他们却忽视了很重要的两点：一是网络空间中已经建立起来

的“连接”是会失效的，不信你去看看曾经火爆的开心网上的“连接”就知道了；二是一些花重金建立起来的“连接”可能是没有多少商业价值的，网络空间中的“连接”和现实中的连接一样，并不是平均分布的，有的连接对企业有价值，有的则没有任何价值，企业需要建立有价值的连接或者说企业要连接对自己最有价值的人。

那么，关于“连接可能失效”和“连接可能没有价值”的两个致命问题，有什么办法可以解决吗？答案是没办法“完全解决”，但我们可以通过互联网的技术手段优化或寻求替代方案，以确保商业连接不断地在末端爆发和获得有价值的连接，具体请看下文“死亡静默与大数据发现”。

3. 死亡静默与大数据发现

每天，互联网上都有很多活跃的“新连接”出现，也有很多静默的“旧连接”死去，这就像人们会面临死亡一样无可避免。

比如，搜狐社区、猫扑、天涯、开心、人人、饭否、拉手上曾经活跃的连接一去不复返了，相反今日头条、微信、知乎、简书、斗鱼、钉钉上越来越多的新连接出现了……只要之前建立起来的广泛“连接”不再活跃，不能够再产生“网络涟漪”，它们就没有价值了，只有活跃的连接才是有价值的连接。

此时，怎样在黑暗而广袤的网络空间中及时找到活跃的新连接，就成为新兴商业最为头疼的事情，在这样的背景下，一场基于大数据技术的“连接大发现”就像16世纪的航海（地理）大发现一样正在悄然展开。

就像搜狐社区、开心网、人人网、拉手网等一样，已经建立起来的“连接”可能会失效，这就是网络空间里恐怖的“死亡静默”现象。连接，这个如同微观粒子一样的网络存在，随时可能会像物质变成能量一样消失在宇宙间，或沉寂到宇宙中的某一个角落，商业体需要重新激活它们或另起炉灶建立新连接来确保“连接”的畅通。比如，美团就曾经用过向海量沉默账户通发“我想你了”的邮件来激活沉默连接的办法，如果你细心观察，会发现自己注册账号的邮箱经常会收到类似美团这样诱导你登录许久不用的账户的邮件，我注册微博账户的邮箱，就经常收到“有新人关注了或@了你”的邮件提醒。

在过去相当长的一段时间里，以及我们可预见的未来中，连接的“死亡静默”都将是互联网上各种新兴商业体不可能逃离的魔咒。在开心网最火热的时候，有的人好不容易在开心网上积攒了数万个粉丝，但是现在开心网已经很少有人看了，这些连接失效了，没有价值了，他的投入付诸东流了。

已经建立起来的连接会沉默或失效，这就是企业总希望到一些新兴的、更活跃的社交平台中寻找连接的原因，如当下的今日头条、知乎、简书等，因为大家都知道只有活跃的、活着的“连接”才有价值，“死亡静默”的连接鲜有价值。

为了确保新兴商业体的有效运行，我们必须要保证由持续的新连接接入来抵消旧连接的消弭，才能彻底逃离“死亡静默”的魔咒。那么，有什么好办法吗，企业如何判断活跃连接将会出现在哪里呢？

在汪洋大海中如何发现鱼群的方法，或许可以给我们如何更好地发现“新连接”或激活网络涟漪，以便远离“死亡静默”的伤害以很好的启示。

在远洋渔船的捕捞过程中，渔民往往会综合“过往捕鱼的经验数据”、“声呐探测仪”和“诱鱼灯”的方法，来寻找、发现和引诱大型鱼群。现在，阿里云的大数据技术通过分析海平面温度、海底洋流数据也能帮助渔船找到鱼群分布。

其实，判断网络空间中的“连接”在哪里更活跃，或者说大量的“网络涟漪”集中出现在哪里，和渔船发现“鱼群”的道理相同——要么通过人们丰富的经验数据来判断（类似于渔民凭借过往经验数据），要么通过大数据技术的分析来探测（类似于阿里云通过大数据寻找鱼群），要么通过人为激起网络涟漪的方式制造大量的活跃连接（类似于利用诱鱼灯来引诱鱼群）。

比如，“亚文化现象”就是一种寻找大量活跃连接的经验数据的方式，当我们发现在哔哩哔哩平台频繁出现“二次元”、“萌妹子”等新兴亚文化的时候，我们就可以判断 B 站里的“连接”是很活跃的，这个平台里一定每天会有很多“社交涟漪”，才会产生如此多流行的亚文化。

再如，利用“大数据技术”发现“活跃连接”也很实用，这在微博平台上就表现得很直观。当微博通过后台大数据发现某一事件的热度急剧上升的时候，微博就会把它推上热搜榜，推送给更多的公众知晓和参与，以便催生出更多的社交涟漪。其实，微博要想发展得好，就必须要有这种“热点”发现能力，要不断找到社会热点的源头并将其放大，让死连接活过来，让新连接不断涌现，以逃离“死亡静默”的魔咒。

当然，还有一种方式就是人为激起网络涟漪，如天猫“双十一”就是一种人为制造的“网络涟漪”现象，2018 年年初火爆网络的各种百万英雄视频问答大撒币等也是人为制造的“网络涟漪”现象，这种方式可以产生大量的活跃连接。通常来说，人为制造网络涟漪的现象在互联网圈很普遍，电商的促销、打造爆款、策划轰动的新闻事件等都是人为创造活跃连接的有效方式。

对于任何一个商业体来说，上述三种方式都是有效地为自身接入新连接的手段，而且通常是三者组合来用。但总体上，在这三种方式中“大数据发现”正在成为最重要的收割“活跃连接”的辅助手段，因为无论是人为制造社交涟漪也好，还是凭借过往经验发现活跃连接也罢，它们都有很大的局限性，前者产生活跃连接带有很大的碰运气成分（企业的投入很可能打水漂），后者发现活跃连接则具有非常大的滞后性，这妨害了企业及时和精准地入场收割海量的活跃“社交连接”红利，而大数据发现则不同，它可以实时、精确地发现网络空间中哪里有大量聚集的活跃连接。

大数据发现还有一个重要的优势在于，它们可以基于收集到的各种用户数据判断“活跃连接”的价值，以及与自身商业利益的匹配度的高低，如通过大数据收集用户的收入、年龄、圈层、消费、信用等各种信息就可以精准判断这些活跃连接是否对自身商业体真正具有价值，这样就可以有效屏蔽无用连接。这也非常类似于渔船捕鱼，以前有经验的渔民通过水面气泡就可以大致判断湖面下的鱼群是草鱼、鲫鱼还是鲢鱼，现在阿里云通过大数据发现也可以提前预判远洋捕捞鱼群的大致种类。

任何一家互联网公司最怕的都是陷入连接的“死亡静默”的魔咒和“所得非所需”的怪圈中不能自拔，当好不容易建立起来的海量连接逐渐变成死连接而又没有新的活跃连接补充的时候，当砸下重金但获得的连接却对自身商业体没有任何商业价值的时候，也就是该商业体丧失商业优势的时候，所以现在诸如谷歌、Facebook、苹果、百度、腾讯、阿里巴巴、京东这些最领先的商业业态总是不断尝试获得新连接和不断维持原有连接的活跃——这也正是“连接时代”底层商业正在发生的变化，同时也恰恰是大量传统商业正在面临的尴尬窘境。

4. 数据雷达与精准投石

比“连接大发现”更为重要的，其实是“连接大收割”，谁收割到更多的活跃连接谁就会站上新兴商业价值链的最顶端。这就和哥伦布发现了新大陆但却是英国人收割了新大陆成为日不落帝国一样。

如果你通读了商业向心力管理理论和末端爆发竞争理论，就会发现这两本书的一项很重要的任务，就是帮助商业体获得更多的、源源不断的新连接和不断维持原有连接的活跃，这个在传统商业看起来不可能完成的任务，却在这两本书中得到了精妙的解决。

当然，这种自吹自擂的话还是少说为妙，因为人们直觉上永远相信具体的指导比空洞的理论更有说服力，而越宏大和好高骛远的洞察就越不可信，亘古至今都是如此。

具体来说，基于大数据发现的“雷达理论”和传统新闻操作中的“投石效应”，可以很好地指导新兴商业体获得新连接和维持原有连接活跃性的实践。

在这里，我们可以把用大数据发现网络涟漪的技术形象地称为“数据雷达”。一方面数据雷达可以实时监测网络空间中拥有广泛连接的 IP 或超级 IP 的活跃度（即哪里产生了网络涟漪），另一方面数据雷达可以监测哪些“词条”或“内容”的搜索数据和热度伴随着该网络涟漪的出现在上升（即什么内容激发了网络涟漪），这些网络涟漪的变化信息一旦被数据雷达捕捉到，我们就可以具有针对性地采取“连接收割”的行动了，就如同雷达发现鱼群后渔民下网捕鱼一样，只不过网络连接的收割其实是采用在网络涟漪中进行“精准投石”的手段。

$$(\text{数据雷达} \times \text{精准投石})^n = \text{连接收割}$$

举个例子，当大数据雷达在微博中发现新的大规模“网络涟漪”，即微博中某些“IP”及相关“词条”突然变得很活跃，转发、评论、分享等数量呈现出爆发态势的时候（微博就曾有服务器因此部分瘫痪的经历），就会有商业体主动介入策划相关创意内容并在网络涟漪中进行“精准投石”来收割连接，譬如杜蕾斯就非常精于此道，京东刘强东也常常有神来之笔，阿里巴巴更是乐此不疲，但与京东和杜蕾斯的方式有所不同，阿里巴巴基本上是用资本收购的方式把连接活跃的平台连根拔起，以便后期更好地进行精准投石。

京东一直是积极的连接收割者，它是哪里有连接活跃就去哪里收割。当微博火的时候刘强东在微博里频频开炮；微信火了的时候，他就火线归入腾讯的麾下；现在今日头条火了，他又去今日头条开通账号；斗鱼成为新的 IP 聚集地，京东又开始和斗鱼合作收割连接；甚至当电视综艺节目、电影等成为超级 IP 的时候，京东还植入综艺节目和电影中收割连接。

那么，具体什么叫在网络涟漪中进行“精准投石”呢？

“投石理论”还要从传统媒体的操作方式说起，传统媒体往往通过自身的新闻嗅觉来挖掘和策划新闻内容向公众“喂料”来制造舆论，连接公众的渠道也往往都是限于自身的发行渠道以及其他媒体的授权转载，这就好比在平静湖面的固定地点反复投石激起涟漪或反复在同一地点撒网捕鱼一样。

可以想见，在广袤的湖面中渔民一次次在同一位置撒下渔网来捕获鱼群的效率非常低下，而现在通过数据雷达的探测，渔民就可以在发现有鱼群的不同地方精准地撒下渔网了——这就是“精准投石”带来的好处。

当媒体的新闻嗅觉进入“雷达模式”之后，媒体的“投石”也就变得更有目的性和科学性了，平静的网络空间中哪里有风吹草动，就到哪里收割连接，而不是始终在同一地点以同一种方式向公众喂料或投石。所以我们会发现包括人民日报、新华网和央视等在内的众多媒体都已经入驻微博、今日头条、微信公众号等众多拥有活跃连接的平台了，而不是局限于传统的自有发行（播出）渠道。

“雷达理论”和“精准投石”不仅可以指导媒体和商业体如何进行有效的连接获取和连接激活，它们还可以指导政府的舆论如何更好地传达给普通受众。

当数据雷达发现网络涟漪后，政府部门及时在该网络涟漪中进行精准投石，把想要传递的信息融入其中，以产生网络涟漪的叠加，从而让天然的涟漪和人为制造出来的涟漪在一起共振。比如，在“PG One夜宿风波”事件火爆之后，官方媒体发现PG One歌词中有大量涉嫌教唆吸毒、侮辱女性等不良的诱导信息，这时候官方媒体及相关部门及时介入传递反对吸毒和反对低俗的声音，表达政府对文化娱乐市场健康发展的立场和态度，这不就是最好的一次公共传播案例吗？这与政府部门下发管理文件、开行业座谈会相比，更有立竿见影的引导作用。

与在广阔网络空间中精准投石获得新连接不同，在自有网络空间的原有连接中不断进行“精准投石”，则是维持连接活跃性的重要手段。比如，天猫为了维持自身平台内连接的活跃性，常常会采用不断造节的方式来“精准投石”，可统计的天猫2017年的促销节日超过了90个，诸如春季家装节、天猫读书日、天猫男神节、天猫垂钓节、天猫闺密节等都是利用投石策略来维持原有的连接的活跃。

5. 价值发现与新商业时代

继续回到我们问题的原点，从“连接大爆炸”、“连接大创造”到“连接大发现”、“连接大收割”，众多商业体不惜一切代价引爆和争抢“连接”，底层商业出现这些变化的深层次原因究竟是什么？换句话说，“连接”对于新兴商业究竟意味着什么，是不是像我所说的连接才是商业的本质？

为了解释清楚这个问题和证实我对新兴商业竞争逻辑的判断，这里我会以计算机网络的先驱罗伯特·梅特卡夫来现身说法。

梅特卡夫认为，网络的价值与连接人数的平方成正比，网络的使用者越多，它的价值就越大，而且这个规律不仅适用于互联网，还适用于电话网络等其他各种网络——这就是著名的梅特卡夫定律。

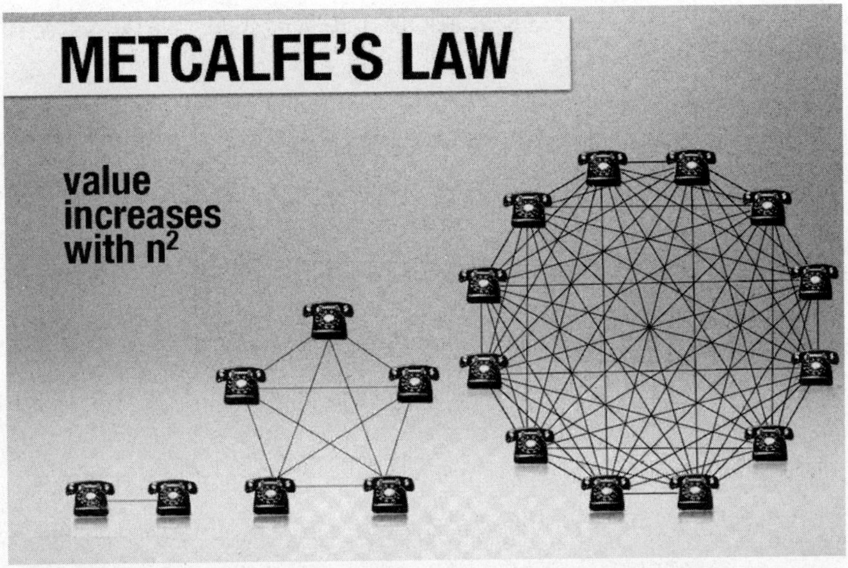

在梅特卡夫的理解中，网络的节点越多，连接就越多。比如，两个人相互只能构建两个定向连接［即 2 ×（2-1）= 2］，五个人相互却能够构建 20 个定向连接［即 5 ×（5-1）= 20］，多了 3 个人就多了 18 个连接。所以，我们可以这样理解，网络的价值取决于节点的数量，也就等同于取决“连接”的数量。

我认为梅特卡夫定律只适用于类似电话网络、互联网这样的点对点可以便捷连接的网络，它不适用于点对点彼此隔离的网络，如麦当劳遍布全国的店面网络就不适用，麦当劳公司的价值不会与麦当劳店面的数量的平方成正比。而这就引出了传统商业和新兴商业的竞争逻辑有着本质不同的一个问题。

受限于沟通渠道不畅等原因，传统商业中“连接”的数量与

“节点”数量的平方并不成正比，可能相隔较远的10个人之间只有5个有效连接或者更少，如果加上时间变量，这10个人一个月都可能不会发生一次连接，这极大地限制了传统商业的“连接”效率和价值。

但是社交网络则不同，10个人之间可能会有多达10个、20个的活跃连接，如果加上时间变量的话，10个人之间一天内发生几百上千次连接都有可能，这在传统商业中是不可想象的。而对于商业体而言，“连接”的次数越多，就意味着交易的概率越大，可能发生的交易越频繁——这就是2010年以来新兴商业连接大爆炸、连接大创造、连接大发现、连接大收割的根本动力所在。

如果说过去我们认为商业的本质是交换，这完全情有可原，因为传统商业中“连接”还没有爆发，连接的作用体现得并不十分明显，“连接”还没有显现出它的巨大价值来。但从现在开始，对“商业的本质是连接”不要有任何的怀疑，因为这就是底层商业正在发生的变化，当连接的人数达到一定数量级之后，不管有没有发生交换，你都具备了弥足珍贵的商业价值，这是我们必须接受的商业现实。

我们唯一需要花费心力思考的是，网络的价值只与“活跃连接”的数量成正比，任何一个新兴商业体要想长久生存，或者立志做一家一百零三年的企业，都要规避“死亡静默”的陷阱，到最活跃的网络空间中寻找“新连接”和不断维持已有“连接”的活跃。

“商业的本质是连接”是一种全新的商业价值发现，我们正处在这样一个全新的商业时代，它要求我们必须要用全新的商业逻辑去理解、思考和行动。当然，即便我们不承认商业的本质就是连接，“连接”也不会因此就对劣汰传统商业有些许的仁慈，因为现实商业正在发生的变化是不以某些人的意志为转移的，在不久的将来，我们就会惊讶地发现，连接借由“数据”的力量将改变一切固执透顶的商业窠臼和陈腐观念。

二、效率革命：是什么让供给和需求无缝对接

新兴商业和传统商业有一点是相同的——最不容易捕获的“连接”往往是供给和需求之间的“连接”，也就是商业体和用户之间最终达成交易的那部分“有效连接”。

但是，我们也不能功利地认为没有达成交易的那部分连接就是无效的，因为在新兴商业中，这些看似无效的连接不仅维持着“有效连接”的活跃，更在商业体和用户之间搭建了一种便于双方有效沟通的重要桥梁——数据。

比如，当你与天猫建立了一个消费连接并用支付宝完成付款之后，不仅该笔交易的各种交易数据会被后台记录，包括你没有发生

交易的连接中的消费偏好、搜索记录、浏览记录、人脉关系、身份特征、地理位置、电话号码等信息也都会被记录在案，当下一次交易即将发生时，这些数据会产生让供给和需求无缝对接的重要作用。比如，当你下一次购买某一款皮鞋的时候，系统就会自动为你匹配与你的“鞋号”一致的皮鞋款式，而无须你再用尺子去量自己需要多大尺寸的鞋，当然，“数据”对于供需匹配的作用还远不止于此。

进一步地讲，这些数据还会形成你在网上的芝麻信用积分，影响你在互联网金融平台的借贷效率，第三方借贷公司无须再次评估你的信用，就可以做到几分钟甚至几秒钟之内为你放款，如果你还没能体会到新兴商业的“连接”和“数据”带来的这种全新变化，不妨到传统银行去借贷试试，看看三天之内他们能否贷款给你。

如果说“连接”是新兴商业的生命，那么“数据”就是维系新兴商业生存的能量，没有“连接”的新兴商业很快就会死去，而不掌握数据及其运用的新兴商业则不可能长久地生存。那么，新兴商业具体是如何运用数据的呢？

1. 云计算数据网络与“即时商业响应”

自 2010 年至今，互联网中不仅有大量的“连接”在爆发，伴随着的还有海量“数据”在喷涌。而且，数据的价值一点都不比连接的价值低，甚至于对数据的精妙运用已经触发了一场商业效率的革命。

在新兴商业中，比连接更重要的东西是数据，而比数据更重要的东西就是连接——这句话听起来就像“你比你哥还大”一样荒谬，但越来越多的新兴商业体却对这样的商业境界孜孜以求，有连接的想要攫取更多的数据，有数据的想拥有更多的连接，从马云、马化腾到李彦宏，他们所争的无非就是“连接”与“数据”。

数据为什么重要？

答案很简单，因为数据网络意味着“即时的商业响应”成为可能，或者说“无缝的供需匹配”时代正在到来，这是数千年来人们的商业发展达到的前所未有的境界。

传统经济学之所以成立，就是因为供给和需求在时间上的错配，它们永远不对等，要么供给过剩，要么需求不足，供给和需求无法调和的矛盾就产生了“价格涨跌”的现象，而有了价格涨跌也才有了传统经济学。但是，当“无缝的供需匹配”时代到来了呢？

有关传统经济学的话题就此打住，一方面我们要避免陷入不必要的争论；另一方面它和我们要讨论的“末端爆发”没有任何关系，我们只需关注数据网络带来的“即时商业响应”和“无缝的供需匹配”现象即可。

传统人们“打车”的过程中，供给和需求永远是不匹配的，出租车司机不知道乘客会出现在哪里，乘客也不知道出租车什么时候会到来，所以传统出租车行业一直都是低效率的巡街载客模式，这种模式的缺点显而易见：商业响应不及时，供需极大不匹配。

但网约车的出现彻底改变了出租车行业市场低效率的状况，通过移动智能终端的“连接”，司机可以轻易地连接到乘客，乘客也能方便地连接到司机，供需的响应时间以秒计算。

这背后是什么在起作用呢？

答案是“云计算”的数据网络，准确地说是供给和需求海量出行数据在云端的即时处理。网约车平台通过司机端、乘客端、众多移动终端的地理信息、目的地及成员数量等信息大数据的收集，并在云端对这些数据进行即时的统一计算处理，就可以辅助司机做出即时的商业响应决策，为司机和乘客双方提供最优的出行市场供需匹配解决方案。

不仅仅在出行市场，借由“数据网络”，我们已经在越来越多的行业中做到了“即时的商业响应”，如网络外卖、以盒马鲜生为代表的新零售、互联网金融中的P2P网贷、物流行业、猫眼电影的在线订票等，甚至在不久的将来，随着“中国制造2025”的完成，制造工厂的即时商业响应也将成为现实。

海量数据的即时处理对“即时的商业响应”有多么重要呢？管中窥豹的话，以前的商业连接可不会有多么大的数据处理量，最早一盘珠算就可以支撑有着大清户部之称的“日升昌”商业帝国，但现在呢，一盘珠算可能连淘宝上一个商家的数据量都处理不及。

可以毫不客气地说，对于新兴商业而言，“数据”已经成为比“资金、店面、运输工具”等都更重要的商业存在，没有数据，滴滴就瘫痪了；没有数据，猫眼就垮掉了；没有数据，12306就崩溃了；没有数据，菜鸟物流就真的成菜鸟了……

总之，正是海量数据在云端的即时收集和处理，才产生了商业效率的革命，也正因此，数据处理已经成为更重要的商业基础设施。就目前而言，“即时的商业响应”已经可以做到，但“无缝的供需匹配”尚需时日，若假以时日，这一天总会来到的。

2. 区块链技术、可量化信用与“信任链打通”

商业的效率革命是不可逆的，让已经进入汽车时代的社会再重回马车时代，将是一场巨大的人类灾难。同样，“即时商业响应”时代的到来也势不可当，并无可逆转。

“即时商业响应”的最大障碍是什么？

最大的障碍不是互联网技术，也不是云计算能力，而是网上的商业“信任链”能否被打通。譬如，银行要向申请借贷的人发放一笔贷款，但它不知道这个人的还款信用如何，这就会影响放贷效率，或错失有价值的客户；或者当一笔跨国的大宗商品交易发生时，结算中介不知道卖方能否按时发货，只有通过海关数据才能进行最终结算，这就会影响到双方的资金结算效率以及资金运行效率。

这两个案例的一个共同点，就是传统信用中介低效率的“信任链”，影响了现实中的“商业响应”速度，传统的信用中介正在成为阻碍新兴商业快速发展的“落后产业”。有什么办法能够解决这个问题吗？

当然有，构建“可即时商业响应”的“信任链”，前者（银行贷款）可以通过“可量化信用”来解决，后者（大宗商品结算）则可以通过“区块链技术”来解决，可量化信用和区块链技术都是新兴数据产业的重要发展领域，它们也是催化“底层商业正在发生的变化”的一股新生力量。

在由数据网络所引发的这场“效率革命”中，任何基于网络连接的新兴商业之所以能够存在和具备优势，都意味着所有的商业需求必须得到“立刻、马上”的商业响应，否则这场效率革命的发生就将“中道崩殂”，但传统的金融机构等信用中介恰恰是做不到“立刻、马上”的商业响应的，因为这不符合它们的“业务流程”，也不符合它们作为传统信用中介的商业逻辑，它们的商业响应往往是以天为单位的，这与以秒为单位的新兴商业响应要求格格不入。

怎么办呢？唯有革命！新兴商业一定会用自己的办法改变传统信用中介的商业模式，或者另起炉灶以达成信用中介即时商业响应的目标，这是新的商业环境下信用中介发展的必然趋势。

趋势意味着什么呢？趋势意味着“顺之者昌，逆之者亡”。如果传统的信用中介不在即时商业响应方面做出改进，那么“区块链数据技术”和“可量化信用”就将提供这场信用中介革命的可行办法。

传统商业社会之所以能够有效运行，就是因为大量的银行、信托等信用中介解决了交易环节的信任问题，正是这种信任链打通、构建了一个经济活跃的现实社会，但与以秒为单位的新兴商业相比，传统信用中介的效率显得缓慢而拖沓。

在一个相互不信任或者信任成本过高的社会里，效率是极低的，人们大部分的精力都是在想办法规避互相不信任带来的风险，人们变得谨慎，不愿意交易，社会资源不流通，资源价值不能最大化，而一旦解决了“信任”问题，财富循流和创造就会加速。

现在有一种技术，可以让国家不用再设立银行、信托等信用中介就可以解决交易中的“信任”问题，这就是“区块链”技术，区块链技术是一种新的数据应用，理论上一切中心化的信任制度安排都可以被去中心的区块链技术取代，形成一种更高效的社会“自运行”机制。

当然，我认为纯粹用区块链技术构建的去中心的信用体系，来取代传统的“信用”机制，是一种过分理想化的技术狂人们的“乌托邦”。事物都有两面性，包括区块链技术、人工智能等在内，不可能仅凭技术本身完美地解决现实世界的所有问题，它们与原有的制度安排结合才是可行的解决方案，否则机器都能自主完成，还需要人做什么呢，吃饭、睡觉、打豆豆？所以，未来网络交易中的“信任链”打通，必然是区块链技术与传统信用中介的完美结合，构建一种“弱中心”的信任体系，而完全的“去中心”并不现实。

不过，区块链的一些具体应用，的确可以去中心地打通网络中某些领域的信任链，如智能合约，这使得区块链这种大数据技术正在成为面向未来的商业基础设施的一部分，或者说新兴商业的一种“底层技术”。

相比区块链可以解决传统“信用中介”的即时商业响应障碍，可量化信用对即时商业响应的作用范围则要更加宽泛。伴随大数据技术产生的信用体系，会进一步健全我们的商业社会和提升商业运行效率，过去人们借钱通道狭窄，但可量化的信用体系及互联网金融体系建立起来之后，信誉良好的人就更容易借到钱，金融机构会根据人们实时的量化信用水平进行风险评估，如刚毕业的大学生由于工作需要亟须买一部电脑和一部手机，但手上没有足够的钱，他就可以选择在互联网金融平台按揭消费，互联网金融平台根据大数据评估的该大学生的信用水平来选择是否放款及放款的额度，如此这种真实的商业需求就被精准地满足了。

总之，大数据正在带来底层商业的巨大变化，重塑着我们的商业世界，无论是中心化的“云计算”，还是去中心化的“区块链”，抑或芝麻信用等“可量化信用”，这些都是新兴商业的大数据底层技术，它们都有望改变现实经济的运行逻辑，使之更高效、便捷、透明、可信，从而促进新兴商业“即时的商业响应”和“无缝的供需匹配”。

3. 大数据火眼金睛与“供需无缝对接”

大数据技术除了可以实现“当前供需”的无缝匹配和即时商业响应之外，最重要的是它还可以跨时空地调配生产和供给以适应“未来的需求”，因为大数据火眼金睛具备着这样一项重要能力——“大数据预测”。

中国是世界上最重要的农耕文明发祥地，中国古代农耕文明长期领先世界好几个世纪，原因就在于中国人很早就掌握了一项“大数据技术”，它能够精准地预测气候变化并据此指导田间耕作，这个大数据技术叫作“二十四节气”。

现在通过卫星云图大数据的处理，人们还可以更精准地预测到包括雨量、温度、湿度、风力等跟农业生产相关的天气数据，进一步地指导农业生产，极大地提升了生产效率，可见大数据预测对于发展经济的重要作用。

事实证明，在新兴商业中大数据预测对于“供给和需求无缝对接”的作用也是显而易见的，基于网络连接大爆炸产生的海量数据信息的处理，大数据可以预测包括宏观的“经济周期”、中观的“供需异动”和微观的“消费趋势”等在内的众多商业变量，以帮助商业体跨时空地提前做出准确的商业响应。

2008 年年初，阿里巴巴平台上整个买家询盘数急剧下滑，预示了经济危机的来临，这比通常海关卖货出去后才获得的行情预测提前了半年，数以万计的中小制造商及时获得阿里巴巴的预警，减少库存和生产，为预防危机做好了准备。

2009 年，全球首次出现甲型 H1N1 流感，在短短几周之内迅速传播开来，引起了全球恐慌，美国疾病控制与预防中心面临巨大压力，因为其统计相关疫情数据并做出反应需要两周以上的时间，这意味着疫情可能会“失控”。巧合的是，谷歌的工程师们已经掌握了通过海量搜索数据预测冬季流感的技术。谷歌每天都会收到来自全球超过30亿条的搜索指令，它保留了多年来所有用户的搜索记录，数据分析师通过人们关于流感问题的搜索记录就可以来完成流感预测，谷歌用几十亿条检索记录，处理了4.5亿个不同的数字模型，构造出一个流感预测指数，此前的结果证明，这个预测指数与官方数据的相关性高达97%，它完全可以判断流感的趋势和流感发生的地区，而且比美国疾病控制与预防中心的播报还提前两周，这有力地协助了美国卫生当局控制流感疫情。

2013年，美剧《纸牌屋》的火爆也得益于大数据对于用户偏好趋势的精准预测。Netflix在美国有2700万订阅用户，在全世界则有3300万，它比谁都清楚大家喜欢看什么样的电影和电视，每天用户在Netflix上产生3000多万个行为，如暂停、回放或者快进时都会产生一个行为，Netflix的订阅用户每天还会给出400万个评分，还会有300万次搜索请求，询问剧集播放时间和设备，Netflix可以通过这些大数据透露的信息，如哪些演员更受欢迎、哪种类型的剧集播放量更高等来指导美剧生产，实现按需定制。

4. 人工智能与“商业智慧化”

人工智能的灵感来自图灵之问——“机器能思考吗?”它的出现不是因为人不够“聪明”，而是要让机器学习人的“聪明”，人和人工智能相比，差距就在于人类思考和办事的效率与人工智能相比实在是太低了，而且人不可能不停地思考，人需要休息，但只要有能源，机器却可以不停地“思考”。

相比大数据预测、云计算、区块链、可量化信用等，人工智能是“数据”应用的更高级阶段，基于神经网络的海量数据深度学习这种大数据算法，将可以让计算机在某些领域像人一样进行自主思考，这将会给新兴商业在末端爆发带来更多的可能。

比如，如果交易都是在网上完成，所有的交易都有数据记录，供应商打款、人员工资等也都可以通过网上支付来完成，那未来的商业或者上市公司还需要会计记账吗？人工智能就完全可以自主完成会计记账，并实时生成财务报表，以及提供下一季度商业运行的辅助决策信息，这将会掀起商业体内部运行效率的一场革命，让公司的财务运营系统也进入“即时商业响应”时代，从而会进一步提升商业供给和需求的对接效率。

当然，人工智能将要改变的不仅是商业体的财务运营，它将会对包括商品生产、物流配送、产品使用等在内的各个商业环节进行“智慧化”的改造，我们现在大力发展的智慧农业、智慧城市、智能工厂、智能家居、无人驾驶、智慧物流等，都将会对未来商业的“效率革命”产生影响，有了人工智能，新兴商业将会表现得更加“聪明”，商业即时响应和无缝供需匹配的效率将会更高。

而且，人工智能还将会带来人力资源的解放，翻译、司机、收银员、厨师、快递员等职业都可能会被部分取代，从而让更多的人做比当前工作更有价值的事情，届时商业要素资源将会进行新一轮的重新排列组合，让商业的运行效率实现质的飞跃。

日本长崎就有一家机器人连锁酒店，从前台接待、行李搬运到客房服务全都是使用机器人，前台机器人是一只系领结的恐龙和一个漂亮的“小姐姐”，两个机器人会多国语言，人们按照它们的提示就可以办理入住，机器人可以帮助运送行李到客房，客房内也有机器人，可以回答诸如天气、时间等问题和帮忙开关灯。当然，这仅仅是人工智能商业应用的开始，商业效率优势的真正发挥还尚需时日，但这不妨碍我们畅想有一天只要你简单地输入行程安排，人工智能就会全程为你提供包括办理签证、订飞机票、订酒店、订餐、预算管理等外出旅行的整套服务。

人工智能引发的商业效率革命与大数据、云计算、区块链、可量化信用等带来的商业效率革命有着显著的不同，它不是单纯地带来效率的提升，而是要对过往商业运行逻辑和效率进行彻底颠覆，让商业进入一种全新的“智慧化”阶段。比如，在物流运输领域，人工智能就正在加速新兴商业的“智慧化”进程，基于人工智能的无人驾驶技术带来的不仅是运输效率提升了几个小时、事故风险降低了几个百分点那么简单，而是让汽车彻底成为“智慧物流”的一部分来系统发挥作用，这就好比从“假肢”进化成了人的布满神经网络的手和脚一样。

5. “商业奇点”与商业向心力时代

数据的增长有多快？

过去三年产生的数据量，已经超过了人类历史有记录以来数据的总和。以医疗健康领域数据为例，20 世纪 50 年代数据翻倍需要

50 年时间；至 80 年代，数据翻倍时间减少到 7 年；至 2015 年，该数据只需 3 年就能翻倍；而到 2030 年，这一时间预计将进一步缩减至 73 天。数据的几何级增长甚至用爆炸都不足以形容了。

而正在发生的“数据大爆炸”，让各国的互联网专家们惊呼信息技术的“奇点”即将到来，大数据、云计算、区块链、人工智能等数据产业的研究在数据的裂变中正在步入狂热，且成果斐然。

当信息技术的奇点出现曙光的时候，“商业的奇点”何时到来呢？

在笔者看来，商业奇点出现的时间窗口很难预计，但基于大数据、云计算、区块链、人工智能等数据产业构建的未来“智慧商业”将会最终引爆商业的奇点。

“智慧商业”将是商业发展的最高级阶段，它将会真正实现“即时的商业响应”和“无缝的供需对接”。为此，届时所有的商业要素资源都将以最快的速度流动起来，并以最优的排列组合来快速准确地响应需求，整体的商业运行都将沿着被精确计算的结果及人工智能辅助决策进行，过程上的无障碍、资源上的无浪费、服务上的零冗余和时间上的高效率都将是其主要特征，由此导致的商业末端爆发将会更加的势不可当。

在《商业向心力》这本书的第一章，笔者指出了“商业向心力理论”最重要的两大逻辑起点：一是商业要素资源的快速流动和活跃；二是商业要素资源的重新排列组合（没有商业要素资源的快速流动和重新排列组合，也就不会有商业向心力理论的提出）。也就是说，智慧商业的终极目标正是商业向心力的逻辑起点，两者是一脉相通的，这就意味着未来的“智慧商业”势必将会把“商业向心力”竞争推向一种癫狂的状态；届时，智慧商业将会把现代商业真正引向“奇点”，其所带来的效率革命和商业爆发，将可能让我们一天中商业创造的价值是现在几个月甚至几年中商业价值创造的总和，所以当前日本媒体感慨“深圳一周就是硅谷一月”也就不足为奇了。

“奇点”之后的未来商业，将彻底改变过去商业生态里企业各自为政、孤立封闭的状态，走向更加开放、共享、协作和融合，商业向心力竞争将成为所有商业体的一种宿命式安排——必须融入总体商业生态系统并以人为本地发挥专业价值。

智慧商业将不会允许有任何商业“孤岛”的存在，因为“孤岛”意味着不能享受总体商业生态的“赋能”，意味着陷入“落后→挨打”的死循环，每一个有生命力的商业体都必然与其他商业体产生“连接”和“数据”上的联系，都会被整体商业系统进行“赋能”作用，并经由连接和数据的作用来自主地发挥最大的商业价值。

三、未来已来：商业基础设施 2.0 如何触摸商业末端

就像“连接大爆炸”带来的底层商业正在发生的变化一样，建立数据产业之上的“智慧商业”也并不是一件十分遥远的事情，甚至它就在我们的眼前，只不过它现在还仍然是个呱呱坠地的婴儿。

譬如，“双十一”数以亿计的商品订单准时到货就是智慧商业带来的结果，今日头条上呈现的个性化推荐信息也是智慧商业的产物，使用小米音箱来语音控制智能家居设备的过程也有智慧商业的影子……如果用一个词来概括底层商业正在发生的这种智慧化进程的话，那么它就是“未来已来”。

总体上，借由广泛连接和海量数据的技术处理，新兴商业已经具备了一定程度的“智慧化”特征，它们不仅对商业末端发生的情况“了如指掌”，更对商业末端供给和需求及时准确的对接做到了“游刃有余”，商业响应的速度也达到了人类数千年前所未有的境界，这就是新兴商业完胜传统商业的根本原因。

那么，类似于前文提到的盒马鲜生、滴滴打车、饿了么、猫眼电影、今日头条等这些新兴商业的“末端触摸”能力、“末端对

接”能力和“末端爆发”能力，都是与生俱来的吗？还是新兴商业的末端爆发背后另有“推手”？

更进一步地说，究竟是什么在帮助新兴商业有效地“触摸”商业末端（包括连接商业末端及获取商业末端的数据）？又是什么在帮助新兴商业实现供给和需求在商业末端的无缝对接（包括在商业末端的即时商业响应和跨时空的供需匹配）？同时又是什么为新兴商业的末端爆发和快速崛起打造了有竞争力的“末端”（让新兴商业具备自下而上地变革传统商业的能力）？

这一切问题的答案，都可以归结为本节内容将要呈现的面向未来的商业基础设施——“商业基础设施 2.0”的广泛应用和赋能作用。下面，就让大家继续跟随笔者的笔触，一起看看商业基础设施 2.0 是如何锚定“未来已来”的新兴商业世界的。

1. 商业基础设施 2.0：一种全新的商业竞争“哲学”

人类社会的所有问题最终都可以归结为“哲学”问题，“对”与“错”永远只是一个“相对的”概念，当我们试图了解微观的量子世界的时候，被我们奉为圭臬的宏观经典世界的物理定律就失效了，而当科技的探索进入“奇点”的时候，我们所有对已知世界（包括量子世界和经典世界）的物理认知还将会被再一次推倒重来。

现在，当人类社会进入由光电子和比特构成的全新商业世界，传统的商业竞争理论还是对的吗？这是我们不得不认真面对和思考的一个商业哲学问题。而世界最终极的三大哲学问题是：我是谁？

我从哪里来？以及我要到哪里去？下面，就让我们从这三大终极哲学问题开始，一起来探讨新兴商业世界的全新商业竞争哲学。

传统商业中，当一瓶牛奶被生产出来后，它在“我是谁？我从哪里来？我要到哪里去？”这三大哲学问题面前就彻底蒙了。因为传统商业中没有数据和连接，它完全不知道自己是谁，也没办法进行身份追溯；也不知道自己从哪里来，不知道是哪头牛、在哪个家庭农场产的奶；更不知道自己要到哪里去，无法预测会经由哪家超市被哪位顾客买走，更无法预判是会被谁喝掉还是会过期被扔进垃圾桶。

当然，我们不能把责任完全都归咎于这瓶不谙世事的“牛奶”，因为它绝大部分的无知都是传统商业基础设施造成的，农场工厂、公路铁路、商业楼宇等作为传统的商业基础设施，它们也不能回答这三个问题，工厂不能说清楚这瓶牛奶来自哪里（源自新西兰奶牛？还是荷兰奶牛？），马路也不能掌握这瓶牛奶究竟要到哪里去（送到卖场？还是送到便利店？），卖场也说不明白这瓶牛奶如何来（冷链运来？坐高铁？还是飞机空运？），传统商业就是在这样的混沌中运行的。

但是，基于连接和数据的新兴商业基础设施（商业基础设施2.0）却可以帮助我们准确地回答一瓶牛奶的三大哲学问题——基于工业4.0的智能工厂可准确追溯这瓶牛奶是谁，智慧物流能够了解这瓶牛奶将要去哪儿，现代化的网上商城会在后台清楚记录这瓶牛奶从哪里来，而这一切都归因于新兴商业基础设施的广泛连接和数据处理，这是它们商业运行赖以维持的生命之本。

也就是说，商业基础设施 2.0 帮助我们解决了商业的三大基本哲学问题：我是谁？我从哪里来？我要到哪里去？我们可以对新旧商业基础设施做一个更简明和直接的对比：比如，马路是传统的商业基础设施，假如你买一箱褚橙的话，马路绝不知道“箱子”里是什么，也不关心“箱子”从哪里来，更不在乎“箱子”要到哪里去；菜鸟网络是新兴的商业基础设施（商业基础设施 2.0），假如让菜鸟来运送这箱褚橙的话，菜鸟网络需要清楚记录箱子里是什么，也会知道箱子从哪里来，更明白箱子要送到哪里去，因为这些正是菜鸟网路这一商业模式的职责所在。

一箱橙子，是通过“传统商业基础设施”还是“商业基础设施 2.0”送到消费者手上，其商业响应和供需匹配的效率是明显不同的，马路作为商业基础设施，它不可能对消费者是谁、消费者住在哪里、消费者希望什么时间收到橙子有任何了解，但菜鸟网络对此却一清二楚。

从根本上来说，层出不穷的新兴商业体之所以具有优势，不是因为它们本身具有优势，而是因为它们更好地接入了“商业基础设施 2.0”。比如，如果没有腾讯云计算，滴滴会比出租车公司的效率高吗？并不会，滴滴将因无法及时处理海量出行数据的供需匹配而陷入瘫痪；如果没有芝麻信用的可量化信用，趣店会比传统银行的风控水平和放贷效率更高吗？显然也不会，它甚至可能会面临不知道找谁偿付贷款本息的尴尬；如果没有支付宝的大数据处理，电商“双十一”的结算效率会比沃尔玛更高吗？更不会了，12306上线没多久就崩了，而它当时的交易请求峰值还不到支付宝“双十一”的六十分之一（2012年“双十一”数据）。

与传统商业基础设施对商业末端发生情况“一无所知”和“无能为力”不同，商业基础设施2.0对商业末端的情况已经“了如指掌”且服务能力已“游刃有余”。未来，商业基础设施2.0不仅可以解决商业中的上述三大哲学问题，甚至还将会进一步地知道你在想什么、你需要什么以及你愿意付出多少的金钱成本等更细节的问题。看到这里，你是不是想到了相声演员小岳岳的经典之问：这么神奇？

如同复杂的计算机世界是由简单的“0”和“1”构成的一样，看似神奇的新兴商业世界也只是由“连接”和“数据”两大要素构成，新兴商业的一切“末端触摸”、“末端对接”和“末端爆发”能力，都必然且只能经由新兴商业基础设施（商业基础设施2.0）的“连接”和“数据”的作用。

“连接”和“数据”正是商业基础设施2.0的两大运行逻辑，有了广泛的连接，便打开了海量数据的通道，而有了海量数据的大数据分析运用，反过来就可以更好地服务于连接。“数据多跑路，人们少跑路，连接全打通，效率大革命”，这就是商业基础设施2.0锚定的全新商业世界。

由此，我给“商业基础设施2.0”的准确定义是：基于“连接”和“数据”这两大运行逻辑，解决底层商业运行中“我是谁，我从哪里来？我要到哪里去？”三大商业哲学问题的新兴互联网商业基础设施的总称。

商业基础设施2.0的典型特征，就是经由便捷连接和海量数据处理的作用，赋予新兴商业体以商业的“末端触摸、末端对接和末端爆发”能力，从而帮助商业体实现即时的商业响应和无缝的供需对接的目标。

商业基础设施2.0的意义在于，它是对传统商业运行效率的一次彻底革命，是商业世界新的“顶层设计”，借由连接和数据“两只手”的作用，它将完美解决底层商业中存在的供需匹配错位和商业响应迟缓等痛点，在这场革命中，传统的商业基础设施和传统的商业体一道都是它要变革和赋能的对象。

2. 商业基础设施2.0与经济新秩序：商业世界新的“顶层设计”

旧的经济秩序是建立在“传统商业基础设施”之上的。由楼宇、街道、店面等组成的城乡设施，由公路、铁路、航空、水运等组成的运输设施，由农场、工厂、商场、仓库等组成的商业设施，由银行、信托、证券交易所等构成的金融服务设施，以及各类商业监管及服务机构构成的商业支持设施，共同构成了传统的商业基础设施，它们有力地支撑起传统商业的高效运行，构成了维系旧经济秩序的“顶层设计”。

但这些传统商业基础设施的缺点是显而易见的——被动，割裂，商业无意识和生态零协同。

“被动、割裂”很好理解，就是它们与附着其上的商业体不能建立有效连接，各自为政，不能主动地进行互动。比如，你在商场开一家服装店，它除了按月向你收租以外，就跟你没有任何关系了，它不会告诉你怎么样提升人流量，怎么样活跃交易，你是你，它是它（天猫如果也这么干，马云早就破产了吧）。

什么是商业无意识？就是传统商业基础设施没有进行商业“思考”的能力，简单说就是“蠢”，不智能。比如工厂，传统一个汽车生产车间就只能生产一款汽车，换一款新车就废了，所以现在要做工业 4.0 的工厂，让工厂有一定的自主商业意识。

什么是“生态零协同”呢？我在《商业向心力》竞争理论中重点讲到过“生态效应”，就是商业向心力企业对生态系统内的商业体进行广泛赋能，激发每一个商业细胞的创新活力和创造能力，这就是一种“生态协同”。但传统商业基础设施对附着于其上的商业体是没有生态协同贡献的，马路就是马路，它不会协助你定位客户在哪里，也不会协助你规划路线，更不会帮助你提醒客户订单可能因天气原因延迟，马路是僵死的，僵死的东西不会有任何“生态协同”的贡献和价值。

随着经济的转型升级，作为旧经济秩序顶层设计的传统商业基础设施，越来越暴露出它们的局限性，它们已经无法适应和有效支撑以开放、协同、分享、高效、融合为特征的众多新兴商业的运行，我们的商业社会迫切需要构建新的顶层设计。

而相比传统商业基础设施，商业基础设施 2.0 的优势就不言而喻了，主动赋能、融合发展、商业有意识和生态高协同正是它们的主要特征。比如，菜鸟网络主动赋能了无数的天猫商家，让它们的物流效率成倍提升；今日头条与来自全国的媒体、自媒体彼此深度融合发展，我中有你，你中有我；芝麻信用可以有意识地为合作的新金融商业体进行大数据风控和信用管理，深度影响业务风控水平；腾讯云计算与滴滴出行进行高效的协同，共同勾画便捷的出行网络。

如今，越来越多的类似菜鸟网络、今日头条、芝麻信用、腾讯云这样的企业已经发展成熟并走上中国乃至世界经济的前台，有效支撑起每年数十万计的新兴商业体一日千里的发展，一个由众多的商业基础设施 2.0 企业共同构建的商业世界新的“顶层设计”已经呼之欲出。

3. 商业基础设施 2.0 与中国大机会：盘点具备商业基础设施 2.0 特质的中国代表性企业

毋庸置疑，中国已经是当前世界上“商业基础设施 2.0 企业发展最为发达”、“商业基础设施 2.0 网络最为健全”和“商业基础设施 2.0 领域创新最为活跃”的商业存在，在全球商业世界新的“顶层设计”中，以商业基础设施 2.0 为王牌的中国崛起大机会已经在向我们招手了。

来自全球的商家都想要借助中国阿里巴巴构建的商业基础设施

来做生意；微信已经成为连接全球最多人的移动 IM 工具；中国拥有移动智能终端的数据和全球第一的出货量；中国拥有全球最多的数据和全球最大的数据处理能力；中国新兴商业领域的创业热情和创业公司数量全球第一；中国拥有全球最发达、最快捷、最广覆盖的云物流网络；中国已经是世界最大的网络支付市场和互联网金融市场……可以说，中国在商业基础设施 2.0 领域的快速发展和宏大布局完胜世界上其他任何国家，包括美国。

以下是粗略盘点的中国当前具备商业基础设施 2.0 特质，能够为新兴商业体进行广泛连接和赋能的一些商业基础设施 2.0 重要发展领域及其代表性企业，它们分别是：

- 智能工厂：富士康、尚品宅配、东莞劲胜
- 移动办公：钉钉、微信企业版
- 大数据平台：阿波罗、云上贵州
- 云计算平台：阿里云、腾讯云
- 区块链平台：腾讯区块链
- 人工智能：科大讯飞、百度大脑
- 云物流平台：菜鸟网络、丰巢网络、京东物流
- 社交网络：微信、微博、斗鱼、知乎
- 新媒体：今日头条、微信公众平台
- 人才招聘：脉脉、BOSS 直聘、猎聘
- 科技孵化：达摩院

- 创业孵化：创新工场
- 位置服务：百度地图、高德地图、腾讯地图
- 互联网金融：蚂蚁金服、京东金融
- 个人征信：芝麻信用、中国信联
- 网络支付：支付宝、微信支付
- 创投机构：IDG、云峰基金
- 网络销售服务商：阿里巴巴、天猫、京东、淘宝、苏宁易购
- 生活服务：微信、美团、赶集、链家、去哪儿、途家、饿了么
- 新零售：盒马鲜生
- 网络安全：360
- 搜索引擎：百度、搜狗
- 移动智能终端开发：华为、小米、锤子
- 网络通信：华为

除了上述这些商业基础设施2.0企业之外，用户和新技术人才同样也是面向未来的商业基础设施不可或缺的重要组成部分，没有两者的存在，新兴商业和商业基础设施2.0的发展就成了无本之木、无源之水。在这里，笔者把具备商业基础设施2.0特质的用户称为“智能用户（或超级用户）”，具有商业基础设施2.0特质的人才称为“智慧化人才”。

- 智能用户（超级用户）：能够熟练使用智能手机、平板电

脑、笔记本电脑等（移动）智能终端的用户，以及可以被商业基础设施 2.0 的服务轻松覆盖的用户，也构成了面向未来的商业基础设施的一部分

● 智慧化人才：能够熟练使用以连接和数据为特征的互联网基础设施的所有有用之才

面向未来的商业基础设施（即商业基础设施 2.0）的一个共同特征，是它们都必然是“连接”和“数据”的结合体，并借由连接和数据为新兴商业体及整体的新兴商业生态系统进行广泛赋能，帮助它们提升商业响应和商业对接的效率。

未来是商业基础设施 2.0 之上新兴商业大爆发的时代，也是一个属于商业向心力的时代，谁掌握了最多的连接和更好利用数据的方法，谁就能立于竞争的不败之地，成为未来商业世界里绝对的“中心化”存在。

未来商业的中心将不再是银行，也不是传统大商场，而是拥有更多连接和数据的互联网商业基础设施 2.0 企业，这是商业向心力竞争的必然，因为数据的有效利用将让这些企业更加专业和具有效率（具备了商业磁场），而专业和效率优势将让它们具有连接更多商业体的可能（具备了社交磁场），商业磁场和社交磁场的完美共振将会使它们构建起庞大的商业生态系统。届时，基于商业基础设施 2.0 建立起来的商业磁场和社交磁场将会彻底重构传统商业生态和世界经济秩序，这将是一次不可抵挡的商业发展趋势，也是中国

经济进一步逆袭的难得好机会。

4. 商业基础设施 2.0 与万物互联：改变商业世界的“神经网络”

我们看到，自 2010 年以来的“连接大爆炸”和“数据大爆炸”彻底改写了底层商业的发展逻辑和商业世界的顶层设计。过去八年里，众多的“商业基础设施 2.0”横空出世，无数的新兴商业借此蓬勃发展，搅动着全球经济的敏感神经。

那么，下一波的“连接大爆炸”和“数据大爆炸”将会在什么时间出现呢？它们又将会带来怎样剧烈的商业革命呢？

或许我们可以从美国 GE 的“工业互联网”中找到蛛丝马迹。

2012 年，GE 推出了“工业互联网——打开机器与智慧的边界”白皮书。白皮书热情洋溢地宣告工业互联网开启了工业经济的新时代，智能仪表的优化，可以使得单台设备以最好的状态运行，而相互连接的机器，则可以形成智能网络。

过去，GE 飞机引擎中的传感器用于测量温度、压力和电压，但它们都是被动模式，只有引擎出现故障之后才会在仪表盘上亮红灯，大多数飞行中，引擎只会保留三个数据的平均值，分别是起飞、巡航和降落的数据。但 GE 的下一代 GEnX 引擎中，将会保留每次飞行的所有基础数据，甚至会从飞机上实时传输回 GE 分析，一台引擎一年产生的数据量甚至会超过 GE 航空历史上所有的数据。

GE 描述的工业互联网就是“万物互联”的雏形，借由大量的传感器来收集商业运行中海量的工业和物理数据，并对这些数据进行实时分析处理，从而进一步提升商业的智慧化程度和智能辅助人类决策，这就是即将到来的“万物互联”时代。

2017 年 6 月，任正非在华为公司战略务虚会上分享了“万物感知、万物互联、万物智能”这一未来智能社会的观点。他讲到，智能社会有几个特征：万物感知、万物互联、万物智能，万物感知是传感器组成的“神经网络”，万物智能是超级计算，中间万物互联就是网络连接，我们要去研究“端、管、云”的内核优化，以及边界的相互影响。

第一，端。万物感知，用什么感知？软件用手抓不到，人类只有依靠终端才能体会。终端不仅仅是手机，家庭路由器、摄像头、穿戴设备、传感器、物联网终端等都可以称为“端”。实现万物互联，端的形态多样化；实现万物感知，端的非生物元素和生物元素高度融合，物理世界与数字世界高度融合，并具有边缘计算能力。

第二，管。在端和云走向智能的趋势下，未来的管将高度简化。智能社会首先要有万物互联，对管的要求是即插即用，极简的架构，管道一定是平台化的概念，而不是现在的树状结构。这对技术要求、商业模式产生新变化，要突破壁垒，推进整个管道平台化，实现超宽带、极低时延、海量连接。

第三，云。云承载了未来的智能运算，代表新的运算模式和服务模式，必须要抓住。“端、管、云”中到处会分布智能，但云是目前主要的智能来源。从功能上讲，在云里实现智能化，集中和分布、通用和专用并存，形成复杂结构。在万千朵云中，我们做哪些云，不做什么？我们要聚焦在我们有能力的方向上，在有限的方向上敢于战略性突破。比如：平安云、视频云、终端云、GTS 云。

无论是华为任正非描述的“智能社会”，还是 GE 白皮书中披露的“工业互联网”，尽管表述不同，但它们有两点是相同的，一是它们都意味着人类在互联网世界中的“连接”和“数据”还将出现新一轮的“大爆炸”；二是它们将进一步考验当前面向未来的商业基础设施的连接能力和计算能力，“商业基础设施 2. 0”将因此面临升级并扮演更为重要的“商业世界新的顶层设计”角色。

总之，“万物互联”将是真正属于“商业基础设施 2. 0”的伟大商业时代，遍布世界的神经网络将会把人和物高效地连接起来，商业世界中每一个新事物的诞生都会伴随一系列数据的产生和处理，并据此精确而高效地与世界建立起联系。从现在开始，我们必须把建设“面向未来的商业基础设施——商业基础设施 2. 0”提升到国家经济战略前所未有的高度。

5. 商业基础设施 2.0 与“大数据陷阱”：连接远比数据更重要

数据是“未来的石油”，这是真的吗？

现在越来越多的文章持这样的观点，鼓吹“大数据是未来的石油”，已经成为科技互联网领域的流行时尚，这导致很多企业跟风和扎堆投入巨额资金购买软硬件设备，来收集和存储海量的数据信息，以及投入大量的人力来开发云计算能力，同时还消耗着可观的能源来维护设备的运行。

但笔者要告诉一个令他们感到沮丧的事实，数据的作用被人为夸大了，90%的数据其实都是垃圾，它们的存在只会白白浪费我们的网络存储空间和计算能力，不会带来任何的商业价值，只有不到10%的大数据才是亟待开发的石油。而这 10%的数据也只有经由商业基础设施 2.0 的“连接”，进入实际应用的过程中才会产生价值，否则就只有理论上的价值。

这就如同人类每天说的话很多都是牢骚和废话一样，也如同电脑和手机中我们定期删除的信息一样，更如同很多被我们扔掉的书、报纸和其他文件一样，“阅后即焚”始终是绝大部分数据唯一的归处，而且大数据的价值并不在于数据本身，基于海量数据计算得出的辅助决策信息才是大数据的真正价值所在。

为了警醒那些投入巨资进行大数据投资的企业，笔者不得不发明一个词来给他们当头棒喝——那就是“大数据垃圾”。大数据不是石油，而是垃圾，它们至多只关乎国家的数据信息安全而已，而大数据预测、云计算、区块链、人工智能等大数据处理和应用，才是“在垃圾中寻找石油”的装备，所以，投入巨资收集和存储大数据是走了一条错误的路，我们更应该做的是加快建设和完善“商业基础设施 2.0”，而不是抱着一堆垃圾数据把“商业基础设施 2.0”拱手让人。

而发展“商业基础设施 2.0”，我们更应该重视的是“连接”的能力和效率，而非仅仅是拥有海量的大数据。如果“商业基础设施 2.0”能够轻易的建立起广泛的连接，它就可以收集到足够多有用的数据，并通过对这些数据的实时处理来指导商业末端的运行并实施有效的反馈，从而提升总体社会和商业的运行效率。

总体上，“连接”比“数据”更可贵。未来的商业世界里，在可以想见的极端情况下，我们可以没有“数据”，但我们不可以不掌握“连接”，因为有了“连接”就可以轻易地得到数据，数据的处理才能有的放矢，数据处理的结果才能指导商业运行；相反，如果只有“数据”，而没有“连接”，则无异于盲人骑瞎马，数据离开了动态的连接，就什么都不是，只会有理论上的价值，而不会有实际上的作用。而且，数据本身也有生命周期，也在不断地迭代、更新，不掌握“连接”的大数据就是死水一潭。

从这一点上来说，未来 Facebook 可能会比谷歌的商业价值更大，微信可能会比百度的商业价值更大。

四、商业重构：企业和消费者消失，“用户”和“商业体”涌现

“商业基础设施2.0”对我们所处商业世界的影响才刚刚开始，它带来的不仅是底层商业发展逻辑的变化和商业世界顶层设计的重构，还正在引发商业运作思维的一次革命——作为重要参与主体的“消费者”可能会大规模地从商业中消失，“企业”的数量可能会大规模减少。

是的，此刻的你一定认为我是“信口开河”，并回以这样的质疑：没有消费者和企业，商业还怎么运行？没有消费者和企业，谁负责买，谁负责卖，没有买卖，何谈商业？

根据国际标准化组织（ISO）的定义，消费者是以个人消费为目的而购买使用商品和服务的个体社会成员，也就是说，作为某一家企业的消费者，你一定是购买了它的某一项商品或者服务。

但是，当你在阿里巴巴购买了一件商品后，你能说自己是阿里巴巴的消费者吗？对不起，阿里巴巴说它自己不卖任何一件商品，它只为数百万的商家提供商业基础设施服务。你想说自己是阿里巴巴的消费者，阿里巴巴却并不会承认这一点，当你购买的商品出现

质量问题时，阿里巴巴也不会负责赔偿你的损失。

无论你在阿里巴巴的网购平台上购买过多少件商品，你都只是阿里巴巴的一个普通“用户”，而不是购买了商品或服务的“消费者”。而且，你不仅不是阿里巴巴的消费者，随着更多“商业基础设施 2.0”走上现实商业的前台，这样的情况还将会越来越常见，我们会与更多类似于阿里巴巴这样的商业体发生商业上的联系，但却并不是它们的消费者。

1. 商业基础设施 2.0 决定的商业业态：商业的“第三次进化”

一个时代有一个时代的商业基础设施，而不同的商业基础设施决定了不同的“商业业态”的存在和所发挥的商业作用。

比如，农耕时代的商业基础设施是非常有限的，同时也具有较低的生产力赋能作用，作坊、手工业者和买主这三者构成了农耕时代最基本的商业业态；进入工业时代之后 ，商业基础设施开始了跃进式的发展，也具有较高的生产力赋能作用，工厂、工人和购买者构成了工业时代的基本商业业态；进入信息化时代之后，公司、员工和消费者成为构成新时代商业业态的三大要素。

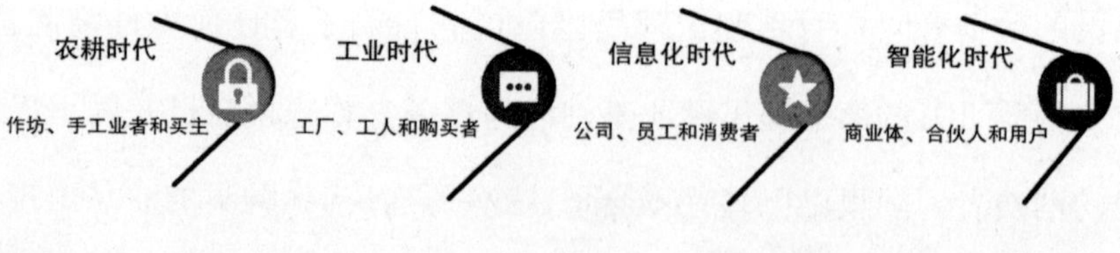

当人类进入以“商业基础设施 2.0”为特征的“智能化时代”之后，商业业态又将会发生怎样的变化呢？

当商业进入智能化时代，商业业态将由“商业体”、“合伙人”和“用户”构成，取代信息化时代的公司、员工和消费者。

在这里，为了准确描述以“商业基础设施 2.0”为特征的智能化时代带给商业业态的第一个变化，我不得不创造一个名词出来，那就是我在本书中很多地方已经提到的概念——“商业体”。商业体，就像信息化时代的公司（包括企业和商家）、工业时代的工厂和农耕时代的作坊一样，是智能化时代最主要的“生产和服务单位”，如果给它一个定义的话，它应该是“商业体是连接用户和商业基础设施 2.0 的智能化商业载体，它既是商业基础设施 2.0 的接入者，也是提供用户服务的通用端口”。

商业基础设施 2.0 带来的第二个商业业态的重要变化，是“员工”将会变成“合伙人”。也就是说，进入智能化时代以后，商业社会将不会再有员工，只有合伙人，合伙人可能是长时间的，也可以是临时的，他们将是商业体的基本构成单元。现在，阿里巴巴的董事会是合伙人制的，在不久的将来，我相信它所有的分公司、事业部（分公司和事业部将会变成商业体）等也都将是合伙人制的。

商业基础设施 2.0 带来的第三个商业业态的重要变化，是所有的“消费者”都将会变成“用户”。未来的趋势是，我们不需要购买和拥有商品的产权，只需要购买和拥有它的使用权，人们将从“消费者”变成“用户”。比如，你的交通出行将不需要购买一辆汽车，因为每个人都有一辆汽车是低效率的，在智能商业社会让更多的汽车在马路上行驶是一种浪费，倒不如出让使用权提供很好的出行服务，同时拥有一辆高度智能化的汽车也是不现实的，毕竟为每一辆汽车都配备一整套的自动驾驶、影音娱乐、人工智能等服务不是每一个人都负担得起的；即便是在当下，我们也会面临这样的问题，你可以购买一台互联网台电视，但是你能购买所有影视剧和原创体育节目资源的“播放版权”吗？所以，在智能化时代，消费者只有一条出路，那就是成为“用户”，因为独占已经不可能了，你根本就消费不起。

也就是说，当我们的商业社会跨入智能化时代，商业体、合伙人和用户就构成新时期商业业态的三大要素，与之相对应的，公司、员工和消费者将会随着智能化时代的到来而渐渐地消失。

商业体、合伙人和用户——智能化时代的商业业态为何要发生这样的变化呢？其实原因很简单，就是为了让每一个用户、每一个商业体都能更好地、更低成本地接入“商业基础设施 2.0”。

通俗地说，如果企业想被“商业基础设施 2.0”赋能，那么它唯一的出路就是成为能够轻易接入商业基础设施 2.0 的商业体，如物流公司接入菜鸟网络、滴滴接入腾讯云计算平台；如果消费者想享受到商业基础设施 2.0 带来的高效服务，那么他唯一的出路就是成为用户，如你我成为支付宝的用户、成为微信的用户；如果员工想在商业基础设施 2.0 时代还有工作，那么他唯一的出路就是成为合伙人，因为商业体的基本构成单位就是合伙人。

2. 商业基础设施 2.0 与合伙人时代：企业消失，“商业体”涌现

见微知著，是所有预言家们最具魔法力的“权杖”。

对智能化时代商业体将由“合伙人”构成、商业社会将进入“合伙人”时代的判断，也并不是我凭空的臆想，而是我从对这个商业时代最细微变化的审慎观察中得出的结论。

当前，以互联网为特征的商业社会正在呈现以下三种变化趋势：一是创业者、内部创业者和创客暴增，二是互联网平台上的“打工者”暴增，三是合伙人制的公司架构开始流行。

张瑞敏是中国商业界最具前瞻眼光的企业家，虽然他所处的是非常传统的制造业，但这不妨碍他的公司引领新的商业理念。在海尔内部，张瑞敏完全打破了“公司—员工”的管理架构，整个海尔内部已经“创客化”了，也就是将企业内部的管理架构打散和重构，每个人都是海尔的“事业合伙人”。这样的海尔还是一家企业吗？我认为它已经不是，它已经是由众多创客组合成的数量众多的“商业体”的集合，而不是一家传统的公司。

据粗略的数据统计，在各类互联网平台上的“打工者”人数，早就已经超过两千万人，包括滴滴、58 同城、猪八戒网、今日头条等众多互联网平台都吸纳了大量的“打工者”，这些“打工者”与传统的雇员有本质的区别，他们自主运营、自负盈亏，并与平台商业共生，这种介于“雇员”与“兼职”之间的角色，更像是平

台的“事业合伙人”，与平台有着一荣俱荣、一损俱损的密切关系。

合伙人这个词很早就产生了，但此前更多的是从“资本”角度的定义，直到阿里巴巴创立合伙人制管理架构之后，“合伙人”有了迥然不同的含义，没有出资、出资很少甚至没有股权的人也可以成为合伙人。自阿里巴巴首开先河之后，越是互联网类的公司，就越是流行“合伙人制”，尤其是创业型的公司，它们“招聘”一个人，不再是传统的招聘一名员工，而是寻找事业合伙人。

数量大爆发的创业者、内部创业者、创客、平台打工者、事业合伙人的本质，其实都是智能化时代的“合伙人”开始集中涌现，这些“合伙人”自由组合成为更好接入商业基础设施2.0的“商业体”，彻底摆脱了传统公司制的桎梏及种种不便。

那么，传统公司制在“商业基础设施2.0”时代为何有种种不便呢？

商业体是基于“连接”存在的，网络空间中的连接又是每时每刻都在不断变动的，当一家平台的连接失效（死亡沉默）后，商业体也会随之迅速消失（这不是人的意志所能决定的），而组成商业体的合伙人会迅速到下一个平台建立新连接，成立新的商业体。但是，如果采用公司制的话，每一个打工者都注册一家公司接入猪八戒网或58同城，将会造成大量的金钱、时间成本的浪费和巨大的商业风险，这是商业体必然会取代公司和企业的根本原因。

未来，一个商业组织（由一人或多人组成）需要接入很多的“商业基础设施2.0”才能够生存，如果商业组织都采用公司制，它们可能面临非常多的交叉股权的问题，因为每一家商业基础设施2.0企业都需要入股这家公司才能确保厘清这家公司在法律层面上的责权，否则将会有无数的商业纠纷等待被处理。

比如，如果你是智能化时代的一家公司制智能空调生产企业（独资），你需要接入小米的智能家居网络和另一家智能物业管理公司来为家庭终端提供制冷服务，然后因为空调本身质量缺陷和超负荷工作造成电路短路，引发了非常严重的火灾事故，这时候应该怎样确认责权呢？是让空调厂商承担责任，还是让使空调超负荷工作的小米智能家居平台承担责任，抑或让物业管理方承担责任呢？如果这家空调企业是一家“商业体”就简单多了，所有的责权都将由“商业基础设施2.0”的平台来统筹，因为“商业体”的责权不是独立的，它们与商业基础设施2.0也是合伙人关系。

如果以当前为鉴的话，包括菜鸟网络、中国信联等都与接入平台的公司之间设计了复杂的交叉股权结构，这根本就是不符合商业效率原则的权宜之举。未来的趋势一定是打破“交叉股权”的不便，以更好接入商业基础设施2.0为基本前提，让企业变少，“商业体”涌现。

总之，“企业”是接入传统商业基础设施的产物，但并不适合商业基础设施2.0时代，未来“企业”将会减少甚至于将没有“企业”的概念，而只有“商业体”的概念，我们每一个人都是一个独立的商业体，几个人凑一起创业做公众号也是一个商业体，我们都是在利用能够触摸到商业末端的商业基础设施2.0为自己工作，你是快递员也好，你是自媒体人也罢，都将不是独立的个人，而是围绕着面向未来的商业基础设施的“商业体”。

3. 商业基础设施 2.0 与新消费时代：消费者减少，用户“涌现”

想象这样一个问题：2050 年的某一天早上，当我们开着一辆自动驾驶汽车在马路上行驶，我们有为它购买一套“云计算平台”帮我们计算最佳的路线吗？我们需要购买一个联网的自动驾驶系统来帮我们驾驶吗？我们开的汽车可能采用了公路系统提供的量子悬浮动力系统，我们需要购买一套量子悬浮的设备吗？我们的车里还播放着最新的国产大片《战狼 15》，曲库里还有上千首最新的原创歌曲，我们需要购买《战狼 15》和原创音乐的网络播放版权吗？可惜的是，这些设备和版权即使我们想买，也鲜有人能够负担得起昂贵的费用。

商业基础设施 2.0 将会引领人类的商业社会进入一个新消费时代——“用户时代”，所有的人都只能成为用户，而不是像现在一样成为拥有固定产权的消费者。

传统的商业运行中，消费者是重要的商业参与主体，所有的商业运行几乎都建立在消费者消费的基础上。比如，在汽车行业的商业运行过程中，汽车生产企业负责整车研发和生产，汽车销售企业（4S 店）负责整车销售和售后，消费者则从 4S 店中购买汽车用于个人消费，如果没有消费者的购买消费，4S 店和车企就将会陷入瘫痪。

商业基础设施 2.0 之上的商业运行将会大不一样，人们绝大多数情况都不会购买商品成为消费者，而只会购买商业体提供的服务而成为用户。

从商业的角度看，“消费者”的概念意味着购买就是结束，只要买的汽车没有损坏，没有任何质量问题，那么企业的服务就已经完成。

但“用户”的概念则意味着购买就是开始，只要你成为某个商业体的付费用户，你就将可以在约定的时间内持续地享受它提供的服务，而且只要用户没有说服务终止，商业体就不能自行结束。

比如，未来有一个提供冰箱服务的商业体叫“海浪”，它将会通过云计算的数据网络为人们提供食品冷藏服务，根据冰箱中的食材信息自动匹配温度，智能提醒用户哪些产品即将过期、哪些食材面临短缺等信息，并连接上盒马鲜生的社区店进行自助补货，这时候你还能说使用海浪冰箱的人是“消费者”吗？冰箱可能和房子一样是租的，两年之后使用冰箱的人可能从上海搬家到深圳工作，这个冰箱的服务就不需要了，没有购买这台冰箱，又怎么能叫“消费者”呢？

所以，不要用现在的眼光、基于过去的商业基础设施思考未来的商业，而要用连接的思维、面向未来的商业基础设施来思考未来的商业。未来，商业世界即将发生的最大变化是消费者将消减，企业也将消失，用户将会崛起，面向未来的商业基础设施之上的“商业体”将会爆发。

如果把“未来”的时间线再拉长，在未来的未来，商业世界将不再有企业、员工和消费者，而只有商业体、合伙人和用户，从现在开始，企业就要思考如何变革自身，才能适应未来的商业和更好对接未来的商业基础设施，这是企业以及我们每一个人需要思考和适应的商业未来。

Explosion at Terminal

第二章

创新之国：末端爆发的商业新物种创造

这是一个让所有人都倍感“焦虑”的商业时代，人们焦虑的原因，倒不是赚钱的速度满足不了欲望的增长，而是商业的爆发让每一人都担心一不小心就错过了整个时代，就像高速行驶的列车，下去了就再也上不来了，也像是快速膨胀的宇宙，即便你是光也要奋力追赶。

也因此，人们急切地想抓住每一次倏尔闪现的商业加速契机。从来没有一个时代像现在这样，“爆发”成为商业竞争制胜的唯一选择，也是成功者最生动的注脚。所以，滴滴爆发了，摩拜爆发了，饿了么爆发了，趣店爆发了，盒马鲜生爆发了，就连初入商业社会的90后“网红们”也迫不及待地登上斗鱼爆发了……

新兴商业的成功，为什么不约而同地选择了“爆发”这种极端的形式？同时究竟又是什么给了新兴商业“爆发”所需的巨大能量？答案正是登上现实商业前台的“商业基础设施2.0”，它们赋予新兴商业体的末端触摸、末端对接和末端爆发能力太过强大了，以至想不爆发、想一步一个脚印地发展都难。更何况，这些本就掌握着专业优势和时间成本优势的新兴商业体天然就具有强大的“商业向心力”，这就决定了它们不可以“循规蹈矩、默默无闻”地发展，而必须是“快速聚合、一鸣惊人”。

本篇内容将通过“末端爆发”、“生态协同”、“区域红利”、“数据战争”四个章节来具体揭示商业基础设施2.0给商业的末端爆发带来的令人瞠目结舌的影响。

一、末端爆发：蜂族时代、超级个体、IP化生存

总体上，商业基础设施2.0让商业在末端的爆发呈现出“蜂族时代、超级个体、IP化生存和超级用户”四大特征，或者说直接导致了四种商业末端爆发的表现形式。

在开始本章之前，我们有必要分清楚两个关于“爆发”的概念，一是社交网络、社交涟漪、超级IP等带来的“连接大爆炸”；二是商业基础设施2.0的广泛使用带来的商业“末端爆发”效应，这两者都可以带来商业上的“爆发”，但它们之间有着本质的不同。

前者是对“商业连接”的影响，导致了商业中的传播革命和网上网下场景替代。比如，受连接大爆炸影响，商业体开始倾向于借助网络媒体展开宣传推广以及借助网络渠道提供商品和服务，这是一种初级的商业爆发；而后者则是对“商业运作”的影响，导致了

商业中的个体崛起、组织变革、要素重排和商业模式的颠覆，总体的商业运行更趋智慧化。比如，受商业基础设施 2.0 带来的“末端爆发”效应影响，商业体主动变革了原有的个人效率、组织架构，改变了要素资源组合以及创造出商业新物种以便更好地接入商业基础设施 2.0，这是商业智慧化程度提升带来的真正的商业爆发。

可能这样太过理论化的表述很难让人清楚地理解，为了更直观地展示两者的区别，这里举两个例子：前者就好比杜蕾斯在社交媒体带来的“连接大爆炸”的起步期开始加码网络营销的力度，重点开拓网购市场，它本身并不涉及杜蕾斯商业运作层面的变革；后者就好比商业新物种盒马鲜生抓住了菜鸟网络智慧化的云物流平台已经成熟的契机横空出世，一个在“商业基础设施 2.0”之上运行的新兴商业模式就此建立并爆发了。

杜蕾斯的“爆发”和盒马鲜生的“爆发”是不可同日而语的，两者对商业基础设施 2.0 的应用或者说智慧化程度有本质的差别。本书要研究的重点正是后者，也就是商业基础设施 2.0 带来的商业运行层面的“末端爆发”效应。严谨起见，杜蕾斯的“爆发”也可以视为一种基于商业基础设施 2.0 的“末端爆发”，毕竟它也使用了社交网络、网购平台两大 2.0 的商业基础设施，但总体的商业智慧化程度与盒马鲜生相去甚远。

一言以蔽之，商业基础设施 2.0 让商业运作的逻辑彻底改变了，现实商业从来没有像现在一样在商业的“末端”开始猛烈地爆发了。

1. 蜂族崛起：蚁族进化与报纸终结者

在低效率的商业基础设施中，任何高效率的生产都将会被湮没不见；相反地，在高效率的商业基础设施中，即便低效率的生产也都有可能出现“爆发”。

譬如，一辆陆地巡洋舰在沼泽地中行驶的速度，与一辆自行车在高速公路上骑行的速度相比，并不会有任何的优势；一艘动力强劲的现代化军舰利用“罗盘”航海的效率，与一艘普通渔船利用“北斗导航系统”航海的效率也无法相提并论。

同样的道理，在低效率的商业基础设施上拼命工作的“蚁族”，远没有在高效率的商业基础设施上工作的“蜂族”拥有更高的产出。蚂蚁构建了规模庞大错综复杂的地下洞穴，但接口单一，进出烦冗；蜜蜂则只需要几百个六边的柱形空间，且接入简单，典型的即插即用架构；基础设施的不同，决定了工作效率的迥异。

作为拥有更高效率的基础设施，“商业基础设施 2.0”接入简单、即插即用的特点正是“蚁族”的噩梦，“蜂族”的福音，它极大地提升了商业个体的工作效率，让他们成为新兴商业中最具“爆发性”的末端。关于这一点，我们可以从纸媒的终结过程中洞见商业基础设施 2.0 是如何让自媒体人实现“末端爆发”的。

记者的进化与报纸终结者

被打败的“纸媒”

曾几何时，传统纸媒曾聚集了最勤奋的、效率最高、公信力最大、拥有一手新闻资源最多，同时也是最专业的编辑记者群体，他们的工作效率是网上那些靠拼凑二手新闻起家的自媒体人的数倍。

但纸媒发行的劣势湮没了记者的勤奋和高效率，这些效率优势并不能改变纸媒纷纷走向阵亡和沉沦的趋势，现在还勉强维持的市场化纸媒已经屈指可数，而且大多都处在覆灭的边缘，即便是这个时代少数几个最伟大媒体人的挣扎也并没能改变纸媒的命运。

自媒体的繁荣

与纸媒沦陷形成鲜明对比的是，一篇又一篇自媒体新闻创造着一个又一个10万+、100万+阅读的奇迹，很多自媒体人拥有的粉丝数量和文章阅读量都远远超过了报纸发行量，一个上百人的纸媒机构策划的新闻竟然被拼凑二手信息的自媒体人远远地抛在了身后。

在纸媒还没有觉醒的时候，恰恰是它们的编辑和记者们率先觉醒了，很多编辑记者主动加入自媒体大军，成为自媒体中的一员，并凭借专业的能力和新闻嗅觉，纷纷成为微博大V和自媒体的领头羊，达到影响力和收入双丰收。此时，后知后觉的纸媒开始将目光转到了机构自媒体，这也成为它们扭转战局的最后一根救命稻草，现在机构自媒体欣欣向荣的发展大有压倒自媒体人之势。

财新的妥协与秦朔的独舞

如今，就连在独守纸媒孤岛的“财新”也不淡定了（胡舒立一手创办，曾经和很多自媒体平台打版权官司），也开始主动入驻自媒体平台，但它在众多自媒体、机构自媒体免费提供新闻服务的时候，却特立独行地采用了“付费阅读”的模式，这种模式本质上还是纸媒思维，财新的妥协仅仅是一种生存状况恶化下的挣扎。

前第一财经总编辑秦朔，纸媒最后风光时刻响当当的人物，现在也加入了自媒体大军，即便离开了第一财经这样资源深厚的平台，他的很多文章仍然都能在网络空间中掀起波澜，一个人可以轻易战胜一家纸媒的影响力，或许让很多像秦朔一样的前纸媒人再次找到了继续在媒体圈奋斗的动力。

丧钟为“机构”而鸣

是谁终结了报纸？

报纸的终结并不是因为自媒体人的冲击，在纸媒的专业编辑记者面前，很多自媒体人的专业能力是不堪一击的；同样也不是一篇又一篇的10万+让它们丧失了内容优势，真正终结报纸的是面向未来的商业基础设施——微博、微信公众号、今日头条、百度百家等众多“自媒体平台”，它们赋予了自媒体人以更高的新闻生产和新闻传播效率。

传统纸媒的架构是一种低效率的商业基础设施，借由传统的发行网络构建的数量有限、缓慢拖沓、点对点扩散的“连接”，新闻生产和传播效率被极大地限制了，这根本无法与新兴的自媒体平台构建的海量、实时、涟漪式扩散的“连接”相提并论，更何况受众的习惯也在改变，纸媒发行量持续走低。

传统报纸机构的效率远远低于自媒体平台的效率优势，这让记者、编辑们高效率的生产被湮没了，在一个效率至上的时代，丧钟必然会为这样低效率的“机构”而鸣。

如同报纸的记者摇身一变成为自媒体人一样，从“蚁族时代”跨越到“蜂族时代”正是商业在“末端爆发”的第一种形式。大量在低效率商业基础设施上工作的“蚁族”借由商业基础设施2.0进化成为“蜂族”，他们的工作效率被大大提升了，他们高质量的产出也被平台放大了，因此他们本身就成为最具“爆发力”的商业末端。

“蚁族进化成蜂族”是一个非常普遍的商业基础设施2.0带来的效率提升商业现象，除了“记者”的进化，类似的还有“快递员”的进化、“出租司机”的进化、“辅导教师”的进化、“渔民”的进化等，很多职业都借由商业基础设施2.0实现了更高的工作效率和更多的价值创造，成为新兴商业中具有爆发力的商业末端。

2. 超级个体：烟花效应与财富大爆炸

“蜂族”的出现，仅仅是商业在末端爆发的冰山一角，是比

“蜂族”更耀眼并巨量收割商业基础设施 2.0 红利的商业末端存在，是逐渐活跃在商业基础设施 2.0 之上的“超级个体”。

如果说让“蚁族”进化到“蜂族”，是商业基础设施 2.0 赋能带来的个人效率提升和价值放大，那么让“蜂族”“商业个体”进阶成为“超级个体”则是商业基础设施 2.0 赋能带来的商业体的连接扩容和财富爆炸。

借由商业基础设施 2.0，很多具有专业特征的个体正在成长为具有商业价值的“超级个体”，商业机会和财富伴随着海量连接以迅雷不及掩耳之势向他们进行集中，让他们一跃成为互联网时代的财富新贵。

“超级个体”突破了传统商业体的体量限制和一份投入一份产出的等比例财富逻辑，它们以很小的要素资源组合就撬动了远超其体量规模的市场和财富，这种财富杠杆效应甚至是现代金融工具都望尘莫及的，如果用一句话来概括这种财富杠杆效应，那么它应该这样来形容——“商业基础设施 2.0 仿若赋予了超级个体以‘蛇吞象’的魔力”。

且先不论组织型商业的超级个体，仅仅是个人类型“超级个体”的商业爆发就已经蔚为壮观了，包括知识付费、娱乐网红、职业大 V 领域的超级个体们，借由新的互联网商业基础设施，要么收割了巨量的财富，要么掌握了人气变现的能力。

烟花效应与财富大爆炸

知识付费中的超级个体

在微博、斗鱼、爱奇艺、今日头条、哔哩哔哩等具有分享和社交属性互联网平台的推波助澜下，互联网几乎没有埋没任何一位想要出名的人才，以吴晓波、罗振宇、高晓松、张召忠等为代表的知识阶层成为重要的“超级个体”，其中很大一批人从知识付费中攫取了远超他们工资水平的财富。

大学教授在课堂上讲一门课的月收入不过万元，但借由App等互联网平台却可以月入百万，作家辛苦一年出一本精品畅销书的稿费不过几万元，还不如在网络视频平台聊聊天做一期节目的收入。

人没变，知识也没变，但互联网平台却赋予了他们财富虹吸的魔力。就如同放烟花一样，一位又一位知识精英被互联网基础设施引爆，而且还是连接大爆炸和财富大爆炸的“双响炮”。

娱乐网红们的狂欢年代

娱乐网红们是另一群商业基础设施2.0之上进行财富收割的超级个体。

Papi酱、冯提莫、帝师等草根网红类“超级个体”也迸发出来，传统以电视媒体为中心的娱乐帝国逐渐瓦解，让渡“造星权”给互联网平台和普通公众，互联网平台开始在全民造星过程中扮演重要角色并拥有了话语权。

娱乐圈成为一个几乎没有门槛的圈子，再不是你推出几部经典作品就会被崇拜的年代了，歌唱得好、舞跳得好、笑话讲得好、游戏打得好……只要在独特的领域里有绝对专业并爱秀，你就可以成为收割财富的娱乐网红。

互联网商业基础设施2.0的财富创造的杠杆有多神奇？一年赚几千万的人，他们的投入可能只是一部可以视频直播的“智能手机”，而传统商业中能够赚取这么多财富的可能是一家A股上市公司。

职业大V们的智商税收割

动动嘴皮子就能日进斗金的事情，十年前很多如今的大V都不敢信，因为既圈不到那么多听众，也没工夫手把手收钱，但这一切都被便捷的社交网络和网络支付等破解了。

各行各业中都有一批职业大V，这些人与知识付费的大V们不同，他们因头顶的各种光环吸引大量粉丝的关注，有投资人、医生、大学教授、公司高管、经济学家、科普作者、环保人士、明星艺人等，百万粉丝的职业大V发一条微博的费用动辄数万元，明星更是几十万、上百万不等，很多人还是不同利益集团的代言人，收人钱财为人代言，对与错、是与非的言辞中都是金钱交易，稳定地兜取着各种灰色收入。

相比个人类型的超级个体，商业体类型的“超级个体”的爆发也毫不逊色，淘宝网上年入千万的商家可能仅仅卖了一款爆品的袜子，而传统商业体要达到这样的销售量级可能需要几十家黄金地段的线下店，一家几个人运营的天猫书店的销量动辄数亿元，超过几十家实体连锁书店。

什么原因让互联网平台涌现了为数众多、虹吸巨量财富的“超级个体”？

答案是商业基础设施2.0赋予它们的连接和效率（数据处理）优势。一方面，通过商业基础设施2.0，超级个体很方便地与它们的用户建立了广泛的连接；另一方面，商业基础设施2.0通过算法计算出不同IP的用户热度和喜好，并据此数据来进行符合公众偏好的推送，从而让更多的连接向“超级个体”倾斜，也就是说，商业基础设施2.0的大数据算法处理正是淘宝的爆款、娱乐圈网红、职业大V们等超级个体涌现的背后推手。

可见，就如同凯文·凯利所言的互联网“涌现”效应一样，商业基础设施2.0的商业逻辑是“让好的更好，给好的更多，让爆发的肆意爆发”，这与传统商业中企业做得再好也会受到地理空间等因素限制完全不同，一家再大的实体店其商业覆盖也总归是有限的，但一家再小的网店的商业覆盖也都是无限的，传统商业基础设施与商业基础设施2.0的赋能差距竟然有如云泥之别。

3. IP 化生存：千里“商”缘一“网”牵

以前的好地段都分布在城市的各大商圈，现在的好地段都在网上。

而要想在网上抢个好地段，你就得在各种不同的平台上都尝试建立 IP，先开个官微，再搞个公众号，再注册个自媒体账号，招聘也要有 IP，卖货卖服务也要有 IP；即便不抢地段也离不开 IP，工作开会也要钉钉上搞个 IP，员工打卡也要有 IP，甚至未来缴个税也要 IP……所以，“IP”也诡异地爆发了。

微信给京东一个入口，可以带来每年几百亿的生意；今日头条给新华社一个推荐位置，每天坐收几千万的阅读量；微博给八线小网红一个热搜榜前十，身价立马飙涨好几万；就连百度百家给自媒体文章一个首屏展示，也能让前央视女主持激动不已。

发现了吗？你必须建立 IP 才能在网上生存，网上没有你的 IP，也就意味着你不会有任何的“爆发”机会。

这是一个“IP 化生存”的商业世界——已经是没有任何人可以否认的事实，各个商业体都挤破脑袋在各大互联网平台建立 IP，并用 IP 与用户建立连接、与互联网平台分享红利和与合作伙伴搭建商业共生的生意帝国。

新世相在微信上实现 IP 化生存，院线在猫眼上实现 IP 化生存，餐饮店在饿了么上实现 IP 化生存，话剧院在大麦网上实现 IP 化生存，明星艺人在斗鱼、花椒上实现 IP 化生存，就连出租车司机、货车司机、保洁员、快递员、记者等也都要在各种 App 和互联网平台上打工实现着 IP 化生存……

而最令人瞠目结舌的 IP 化生存样本，还当属已有六百多年历史的故宫，它已经不在窗口卖票了，而只在网上售票，未来你可能也不用在线下游览了，网上就可身临其境，这个古老的皇家私院就这么决绝地迈向了代表未来的商业基础设施 2.0 时代，把现代的那些富丽堂皇的高楼大厦抛在了历史的故纸堆里，商业的剧变就是这么让人匪夷所思、哑然失笑和大跌眼镜地发生着。

千里“商”缘一“网”牵

双微和小程序：我只想和你再近一点

即便互联网在中国的发展已经二十多年，但很多商业体建立的第一个真正 IP 其实是“官微”。这也符合商业基础设施 2.0 的发展逻辑，毕竟在社交网络出现之前，商业体并没有足够的动力建立 IP，但社交网络带来的“连接大爆炸”红利，实在是太诱人了，不由得它们不动心。微博之后，紧接着微信又带来了新一波的“连接大爆炸”，商业体又如法炮制在微信公众号上建立 IP。

这就是现在很多企业“双微”运行背后的商业逻辑，没有 IP 怎么收割连接大爆炸的商业红利呢？据统计，运行“双微”的 80 后、90 后们普遍工资不低，远超同等职阶的苦逼广告狗、公关狗们。

商业体下一个要瞄准的 IP 将是“小程序”，因为小程序的连接能力比双微更强大、效率也更高。这一趋势的深层次原因，其实是商业体想通过IP与用户更近一点，让连接的红利释放更彻底一点。

故宫触“网”：卖票窗口的消失

2017年十一黄金周刚过，故宫就宣布正式实行全部网络售票，故宫售票处的牌匾也被摘下，凭实体票参观故宫成为历史，故宫正式迈入了“博物馆全网售票”时代。故宫每天有15000—20000名观众，在网络售票没有售罄的情况下，可以通过现场扫描二维码购买当天的门票，数量相当于30个售票窗口高峰时段两个小时的售票工作量。

故宫急切地迈入完全的“IP化生存”时代，是否能给其他的商业体一些启发呢？

门庭冷落客不稀：从“客官常来”到“有事撩我”

很多商场、卖场的实体店也纷纷在网上建立IP，有开公众号的，有做小程序的，也有开淘宝店的，到58同城、赶集网建账号的，也有餐饮店到饿了么开店的，甚至我常去的羽毛球馆也要建几个百人的微信群IP，你可能会为很多店门面堂皇却无人问津而担心，但其实它们的生意都在网上呢。

实体店“IP生存”之后，连打招呼的方式也变了，从“客官常来啊”变成了“有事撩我”，很接互联网的地气儿呢。

商业为什么要“IP 化生存”？

原因很多，但没有任何一个原因比“商业承载能力方面的优势”更有说服力。

十年前，你看到过柜台买电影票的长龙，看到过火车站里买车票的密不透风的人群，看到过银行动员十几个人花一上午时间数 10 万元硬币的奇葩新闻……现在，这样的情景消失了，因为“IP 化生存”是唯一能够承载商业爆发式发展的绝佳商业模式，当几百亿的订单在十秒之内砸向天猫，除了“IP 化生存”还有什么更好的办法？难道要像传统商业一样雇用几十万人坐到大厅里数钱吗？

简言之，商业基础设施 2.0 之上的“IP 化生存”，相比传统商业具有商业承载能力方面的绝对优势，只有“IP 化生存”才能够完美匹配末端爆发的新兴商业，并促成现实商业的进一步爆发。

4. 超级用户：与商业体建立起高频、高效的连接

商业基础设施 2.0 时代的商业末端爆发，无论是蜂族崛起、超级个体的“末端爆发”，还是 IP 化生存下的“末端爆发”，都离不开一个重要条件的趋于成熟——超级用户。

2010 年始终是一个重要的时间节点，在 2010 年的社交网络和智能手机的大爆发出现之前，用户通过互联网与商业体之间形成的“连接”始终是低频、低效的，这种情况下商业不可能呈现出任何的“末端爆发”效应，所有在互联网上的商业体都需要经历缓慢而旷日持久的积累，因为用户对互联网低频、低效的使用已经决定了

商业必须小火慢熬。

但是现在完全不同了，手机等移动智能终端和微博、微信等社交网络应用，让用户一跃成为“超级用户”，他们的连接能力、连接数量和连接效率等都呈现出几何级倍数的增长，这种连接的改变让现在的超级用户与之前的用户不可同日而语，更为重要的是，“超级用户”正在借由逐渐成熟和完善的商业基础设施 2.0 与商业体建立起数量大爆炸的高频、高效连接。

而“超级用户”与商业体建立起高频、高效的连接，变身为无比强大的消费末端，就给商业体在各个层面的爆发提供了充足的弹药，高频、高效的连接也让时间仿佛突然静止了一般，各种商业体的商业触角迅疾地在网络中蔓延开来，它们的商业版图不受控般地狂飙突进，仿若光似乎电，快到几乎没有什么能够阻挡它们商业爆发的态势。

让我们每一个人都感触颇深的是，消费末端正在变得无比强大，他们通过智能手机与商业体建立起全新的消费模式——用户模式，即“消费不是终点，购买不是结束”，这一切都只是商业在末端的开始，他们会长期地与商业体深度绑定，并因数据和连接建立起长期的联系。比如，你买一个运动手环，商业结束了吗？没有，这仅仅是开始，这个消费末端才开始爆发，接下来用户和商业体将基于连接和数据建立起密切的沟通关系。

相比新兴商业对用户的深度绑定和“购买即开始”的特征，传统商业体必将走向衰落的一个重要原因就在于，传统商业在最有价值的商业末端竟然“戛然而止”了（购买即结束），它们压根就没有在末端爆发的基因和动机。传统商业和新兴商业最大的区别就在于此，过去你买的电视就是电视，但现在你买的电视是“电视+”；过去你买的汽车只是汽车，但现在你买的汽车是“汽车+”；过去你买的手表仅仅是手表，但现在你买的手表是“手表+”……商业基础设施2.0让新兴商业在商业的末端具有了“爆发”的无数种可能。

某种意义上说，消费末端与商业体正在以爆发般的速度建立起长期、高频和高效的连接与数据关系，这正是商业在“末端爆发”的第四种形式，它甚至都超越了蜂族崛起、超级个体和IP化生存之于新兴商业的价值，倒逼着层出不穷的新兴商业体必须在商业末端不断爆发才能跟得上“超级用户”崛起的步伐。

二、生态协同：商业基础设施2.0与“商业向心力”式崛起

上一节内容从纯技术角度呈现了商业基础设施2.0如何带来商业的末端爆发，这本质上是一种偏“微观层面”的洞察；现在，我们要从更大的视角出发，从商业基础设施2.0所构建的庞大商业生

态视角来解读商业为何会出现“末端爆发”。

与传统商业基础设施不同，每一个商业基础设施 2.0 都不是孤立的存在，而是一套用“连接”构建的庞大商业生态系统。以菜鸟网络这一商业基础设施为例，它以菜鸟网络公司为中心，连接了数量众多的物流公司、快递员、网店、实体店（如餐饮店、盒马鲜生店）和网购用户等，商业基础设施 2.0（菜鸟网络）在整体商业生态中发挥了穿针引线的生态协同作用。

传统上，一家企业的发展取决于“组织绩效”，即组织内部效率的高低决定了公司的市场竞争力，所以日事日毕的海尔必然会打败新飞；但在商业基础设施 2.0 时代，企业的发展更多地取决于“生态绩效”，即生态系统效率的高低决定了公司的市场竞争力，所以腾讯生态赋能的滴滴迅速战胜首汽。

商业竞争从拼“组织绩效”升级到拼“生态绩效”是一次巨大跨越，因为生态内每一个连接环节的效率提升都会带来整体商业效率的升级，也就是商业效率产生了“乘数效应”，这种乘数效应的恐怖之处在于，即便组织绩效维持不变，生态绩效的提升也会同步提高组织绩效。以阿里巴巴商业生态系统为例，菜鸟物流的效率提升一点点，物流公司、快递员、网店、实体店的效率就会提升一大截；支付宝的支付效率提升一秒钟，物流公司、快递员、网店、实体店的效率也会提升一秒钟；快递员的配送效率提升一小时，菜鸟物流、物流公司、网店、实体店的效率也会提升一小时……所有商业环节的绩效提升都会在其他商业环节中产生叠加效应，从而带来整体商业生态效率的改善。

准确地说，商业基础设施 2.0 与新兴商业体之间的关系，已经脱离了单纯商业支持的关系，进入以生态竞争为特点的“商业向心力”阶段——商业体与商业基础设施 2.0 之间形成了一种稳定的“商业共生”、“资源共享”和“市场共赢”的生态效率协同关系，商业竞争从过去领导力竞争的“组织绩效”阶段，上升到商业向心力竞争的“生态绩效”阶段。

在《商业向心力（理论版）》这本书的第三章中讲到，互联网条件下，商业要素资源高度不稳定、快速流动，“商业社会的运行秩序，面临着从‘精确控制’向‘生态整合’的进化”。而一切精确控制的商业安排都不可能爆发，因为爆发就意味着精确控制走向失序、失控，爆发只能发生在按照一定规则运行的生态整合的商业系统中，商业基础设施 2.0 正是一种生态化的运行规则本身，它将现实商业推向了“商业向心力”这一生态竞争阶段，让新兴商业开启了一次无法精确控制的商业向心力式崛起和爆发之旅。

1. 商业共生：服务意识的集体觉醒与共振

撇开商业基础设施 2.0 的技术因素带来的商业爆发，生态系统“商业共生”下的服务意识集体觉醒，是推动商业爆发的重要动力。

在商业向心力竞争中，商业体、商业基础设施与商业生态系统是“商业共生”的关系，商业基础设施会为向其中的每一个商业体提供更好的服务而努力，其带来的结果是新兴商业体的商业对接效率会远远高于传统商业体。

比如，因为“商业共生”，今日头条会想办法为平台内的自媒体作者们提供更好的服务和赋能，自媒体作者也会为更多的阅读量和内容质量而暗自努力，两者的服务意识发生集体觉醒和共振。

再比如，作为商业基础设施的饿了么，与附着于其上的众多餐饮店也是一种“商业共生”的关系，饿了么会不断为提高餐饮店的商业对接效率、连接数量而付出努力，餐饮店也会为提升自身的订单量和服务能力而与同行展开竞赛，这种“商业共生”让彼此产生了共同利益和相互一致的服务意识，这种共同利益和一致的服务意识正是商业在末端爆发的原始动能。

但钢筋水泥构件的传统商业基础设施可不这么想，它们与其中的店铺、商家等没有“商业共生”关系，它们无心更无力改善店铺、商家的赢利能力、服务效率，同时因为自身商业承载能力有限，也不会引入更多数量的商家，它们只在乎店铺、商家是否按时缴纳租金。

也就是说，商业基础设施 2.0 有动机也有动力，让附着其上的商业体的对接效率最大限度地“爆发”，为总体生态做最大的贡献，正是因为彼此有“商业共生”关系，所以“爆发”就成为整个商业生态系统共同的行动目标和商业愿景。

唇亡齿寒，所以唇齿相依。作为“商业向心力”生态系统的重要构成主体之一，“商业基础设施 2.0”第一次具有了强烈的服务意识，它们必须把附着其上的众多商业体的连接能力和对接效率放在首位，让附着于其上的众多商业体不断爆发，它们自身才能够获得发展和分享利益；而对于商业体而言，商业基础设施 2.0 第一次打开了它们商业扩展和商业承载能力的空间，让它们开始以提供给用户更好服务的行动来珍视商业基础设施 2.0 赋予的爆发机会——商业基础设施 2.0 和商业体的服务意识的集体觉醒与共振，就这样在“商业向心力”的生态竞争中悄然发生了，而爆发正是对新兴商业“服务意识的集体觉醒”的一种奖励。

2. 资源共享：轻资产为商业爆发解除沉重“封印”

“商业基础设施 2.0”将现实商业推向了商业向心力时代，它们在宏观层面除了具有“商业共生”的特点之外，还具有另一大显著特征——“资源共享”。在商业向心力模式中，要素资源共用了商业向心力企业的基础设施，也即资源共享。

“资源共享”的好处在于，企业可以实现低成本的“轻资产化运营”。

比如，大数据、云计算、智能化、云物流等越来越成为现代商业发展的标配，但每家企业都要为自己建设一套大数据的收集和处理系统吗？每家企业都要为自己建立“云计算”平台吗？都要推出自己的智能化软件系统吗？都要建设自己的物流网络吗？当然不需要，企业只需按需匹配，接入其他企业搭建的大数据、云计算、智能化和云物流的商业基础设施 2.0 平台即可，企业花很少的钱就可以享受到高效的服务。

但传统商业却大都是“重资产”的，企业需要投入资金购入大量的固定资产，然而这些固定资产却没能发挥最大的资源利用效率，“闲置”成为传统商业资产利用的常态。比如，企业投入资金建设一个工厂，但在很多情况下工厂都不是满负荷运营的。

而如果是商业基础设施2.0的工业4.0工厂就大不相同了，它是即插即用的，哪家企业有需求就可以给哪家企业生产，企业无须投入资金自己建厂，更何况自己建厂的风险很大，一旦新产品不符合市场预期，建厂的资金可能就要打水漂了。试想，如果罗永浩要为生产锤子手机自己建设一个工厂，他的创业过程可能会经历更多的噩梦。

轻则快，重则缓。“资源共享”的轻资产运营模式，让商业基础设施2.0之上的新兴商业体可以集中有限的资源投入自身优势的领域，而无须为自身不专业的领域担心，并让其具备“以小博大”的商业爆发能力。

正是因为商业基础设施2.0的即插即用、资源共享，我们用几千元资金就可以开一家淘宝店，店内产品可以轻松销往全国各地；正是因为商业基础设施2.0的即插即用、资源共享，互联网金融企业不用自建“征信数据系统”，借助芝麻信用就可以为客户提供低风险、高效率的贷款服务。

就如同唐僧解除了压在孙悟空头顶五台山上的封印一样，商业基础实施2.0时代的众多“商业体”也被解除了沉重的封印，让它们可以轻装上阵、御风而行，让商业得以肆意爆发、后顾无忧。

3. 市场共赢：商业体与商业基础设施 2.0 “共用一个市场”

“商业向心力”竞争模式下，商业基础设施 2.0 与商业体之间关系的第三大特征是“市场共赢”。这里要特别强调的是，“市场共赢”的意思不是指商业基础设施和商业体共同分享市场利益，其真正的含义是指商业基础设施 2.0 与商业体通常会“共用一个市场”。

举一个简单的例子，假设今日头条的总体用户规模是 2 亿人，那么理论上讲今日头条上入驻的任何一个自媒体账户，它的用户规模也是 2 亿人，今日头条与入驻的自媒体账户“共用一个市场”，或者说两者实现了“市场共赢”。类似的情况还有很多，如苹果生态中的每一个 App 应用开发者就与苹果公司“共用一个市场”。

“市场共赢”的本质是商业向心力企业具有的“生态效应”，让附着于其上的单体（商业体）的发展可以实现快速爆发。关于这一点，在《商业向心力（理论版）》这本书的第一章讲商业向心力的第五大作用“生态效应”的内容中，这样写道：

> 三只松鼠，这一阿里巴巴生态系统里成长起来的互联网食品公司，于 2012 年才开始成立，但 2013 年的销售量就突破了 3 亿元，三年后的 2015 年 9 月，其估值达到了 40 亿元，阿里生态圈内这样一家小公司的成长速度就已经远超一般的商业个体。

生态系统内的单体会产生出强大的“生态效应”，借由生态系统的“养分”迅速地成长壮大——三只松鼠就是阿里巴巴商业向心力“生态效应”的一个鲜活注脚。不仅仅是阿里巴巴，微信生态系统的繁荣，成就了一个又一个阅读量“10万+”的公众号，也是“生态效应”的真实写照；苹果生态系统的繁荣，成就了一个又一个百万级用户的App应用，同样是“生态效应”的现实映射；微博生态系统的繁荣，成就了一个又一个千万粉丝的知名大V，还是“生态效应”的作用结果。

建立在商业基础设施2.0之上的商业生态给了商业体“爆发”的资本，无论你在天猫开设的店铺起点有多低，哪怕它只有一款产品，只有一个人运营，但它所面向的市场都是整个天猫在中国的近5亿用户，这就是以商业基础设施2.0为特征的商业向心力竞争的“市场共赢”效应，大家共用同一个市场，就等于整体商业生态和商业基础设施2.0赋予了每一个商业体爆发的能量，无论它看起来是多么的不起眼儿，它都坐拥了整个市场的所有用户。

三、区域红利：商业基础设施 2.0 与“区域经济”大爆发

商业基础设施 2.0 带给新兴商业的“末端爆发”，在微观层面是以蜂族崛起、超级个体和 IP 化生存为特征的“商业体在末端爆发”，在中观层面表现为商业共生、资源共享和市场共赢的“生态系统在末端爆发”，而在宏观层面将会呈现出“农村大爆发、创业大爆发和城市群崛起”的“国家经济在末端爆发”现象。

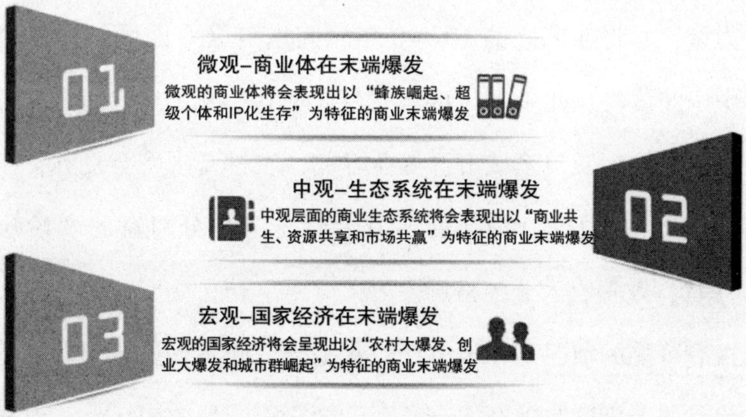

全世界范围内，商业机会和商业资源向大城市、特大城市、产业园区等聚集，是过去一百多年时间里的工业化和信息化时代最主要的经济发展特征。其原因再简单不过，因为只有大城市、特大城市中商业基础设施最为发达，它们支撑起了规模庞大的商业体在其上的生存，其他的农村地区、中小城市的商业基础设施非常不完善，并且长时间得不到发展和有效维护，经济凋敝就在所难免，且大量的适龄劳动人口纷纷涌向商业基础设施发达的大城市。

尤其在中国这种现象更加明显，在过去相当长的时间里，在广大的农村地区和中小城市，商业基础设施陈旧落后、发展缓慢、较少维护，限制了这些地区商业体的发展，它们的效率也被湮没了，所以这些地区的商业体也就不可能爆发，最后恶性循环造成当地经济发展的“空心化”，经济发展在大城市和农村呈现极度的“两极化”特征。

现在，借由商业基础设施 2.0 的广泛赋能，经济发展两极化的情况终于要“逆转”了，国家经济的末端爆发正在成为一股势不可当的力量，并将在未来的 10~20 年时间里引爆“区域经济”的发展，中国经济将从此步入“区域红利”时代，北上广等特大城市将会让位，雄杭深及川渝城市群将会崛起，农村经济将会复苏，年轻的创业新贵将会打破由 60 后、70 后锁定大部分财富的“阶层固化”现状，重塑收入分配格局。

极有可能的情况是，未来在商业基础设施 2.0 主导的智能化商业时代，北上广这些曾经的火车头可能会因高昂的生活、工作和创业成本无法吸引年轻人而陷入动力不足的尴尬，雄杭深及川渝城市群则可能成为90后、00后适龄劳动力的打工和创业天堂，无数的财富新贵将会在雄杭深及川渝城市群中脱颖而出。

除非我们人为地切断网络，或者把“商业基础设施2.0”死死地封印在五台山下，否则“末端爆发”就将是一股没有任何人能够阻挡的商业力量。“商业基础设施2.0”从根本上是一场商业大革命，一切阻碍末端爆发的商业存在都将被替代，不管你是不可一世的银行、大国企还是体量庞大的金融集团；一切阻碍末端爆发的商业模式都将被改写，不管你是垄断、享有特权还是已沿袭千年。

如果不相信“末端爆发”，不妨想想“故宫”门口消失的售票窗口，想想“双十一”一日千亿的巨量成交，想想当初快被“余额宝”搬穷了的国有银行，想想自己能否信誓旦旦地与所有的网络终端设备来一场义无反顾的永诀，从此劈柴，喂马，面朝大海，春暖花开……

1. 效率鸿沟被抹平，农村经济大爆发

城市，是人类最伟大的商业发明。

数千年来，城市作为人类最好的“商业基础设施”，为数量众多的人建立起便捷和高效的“连接”。越是交通要道、四通八达、水陆畅通的城市，商业就越发达，而越是地处偏远、交通闭塞、水陆不便的乡村，商业就越凋敝，所有的商业要素资源都借由“连接”向城市聚集，商业在城市中“爆发”亘古未变。

甚至在世界范围内，越是“连接”发达的地区，商业也就越发达。

15世纪到18世纪的地理大发现，葡萄牙、西班牙、英国、法国等陆续与世界建立起广泛“连接”，所以它们很快成长为商业帝国，欧洲一度成为世界经济的中心。

更早些时候，中国唐朝是世界经济的中心，当时唐朝拥有世界上最发达的交通网络，陆路交通以长安为中心，道路遍布全国，水路交通以洛阳为中心的南北大运河为主，全国共有驿站一千四百六十三所，陆驿一千二百九十七所，水驿一百六十六所。并且，唐朝还将“连接”延伸到了海外，打通了从广州经由马六甲海峡进入印度洋，抵达印度、锡兰，再西入波斯湾、亚丁及红海地区的航路，将通往西方的海道与通往新罗及日本的海道连接起来，唐代海外交通所能抵达的范围，可达新大陆发现之前旧世界的大部分地区，中东商人如犹太人、波斯人以及阿拉伯人纷纷东来，中国沿岸的交州、广州、泉州、明州（今浙江宁波）、扬州等城市，因与蕃舶互动频繁，如雨后春笋般兴盛起来，成为重要的对外贸易港口。

古往今来，谁是“连接”的中心，谁就是商业的中心，谁拥有最多的“连接”，谁就可以建立起最大的商业帝国——商业的本质就是“连接”（正如本书开篇所言，“商业的本质是连接”是末端爆发竞争理论的逻辑起点，更是新兴商业的逻辑起点，只要商业体能够和用户建立起连接，谁关心他们之间进行了什么“价值交换”呢，我相信“商业的本质是交换”是经济学家们得出的最愚蠢的结论，它就像“人们吃饭是为了拉屎”一样愚蠢）。

农村，什么时候也可以和“城市”一样，与外界建立起便捷、高效的连接呢？

从地理空间的角度，这将很难成为现实，但“商业基础设施2.0”构建的商业网络，将会在很大程度上突破地理空间的限制，更好地把农村“连接”进来，从而让农村也可以与外界建立起便捷、高效的连接。

假如农村地区可以享受“低成本、高网速”的网络覆盖，“大数据、云计算、人工智能”等数据服务也给予农村一定的优惠，那么商业基础设施2.0将会在很大程度上抹平城乡之间的“连接”和“效率”鸿沟，让农村的农产品和服务也可以借由互联网商业基础设施的便捷连接做出“即时的商业响应”，这将让农村商业实现一次数千年未有的“大爆发”。

“淘宝村”可能是最先富起来的一批农村地区，因为这是目前我能看到的农村地区可以享受到的最好的商业基础设施2.0。

过去，农村人口大量流失，并不是因为人们讨厌农村，而是因为农村没有“连接”优势，没有连接优势就没有商业机会，没有商业机会人们才都涌向了有连接优势的城市，人们都涌向城市就推高了城市的房价，高房价让人们拼命地盖楼，都盖高楼就壮大了地产经济凋敝了实体经济——潘石屹说，“互联网是反房地产的”，他一语道破天机，这一天正在到来。

一旦商业基础设施2.0可以轻易地覆盖农村，抹平“连接”和

"效率"鸿沟，届时"农村低成本的连接"将会很快取代"城市高成本的连接"，我们可能会迎来一次"逆城市化"的过程，大城市、特大城市将会首当其冲。

2. 创业成本会降低，年轻人将"逆袭"

年轻人创业，最令他们头疼的就是各种无用的"前期投入"导致的高昂创业成本。其中，首先就是租用办公场地的费用，动辄数十万元的办公场地租金往往让年轻的创业者望而却步；其次，各种软硬件、机器设备的资金投入，也往往都不是他们业务经营最迫切的投入。总体上，相比于创业可能面临的失败，高昂的创业成本才是扼杀年轻人创业热情的罪魁祸首，也是他们创业成功路上最大的拦路虎。

在传统商业基础设施之上从零起步创立一家公司，其投入动辄都要几十万元，包括公司注册、房屋租金、人员雇佣、设备采购、会计管理等，这在经济快速发展的红利期尚可承受，但在当前提质增效、经济放缓的环境中则是创业公司的灾难，因为这已经不是"向规模要效益、投入马上就有产出"的经济红利期，而是"向技术研发要效益、现在投入几年后才有产出"的技术红利期，创业公司平均需要潜伏两年到三年才能真正见到效益。

相比传统商业基础设施，商业基础设施 2.0 的优点是"即插即用"、"资源共享（共享使用权）"和"不依赖实体（数据多跑路，人们少跑路）"，其带来的商业效果将是低成本、低投入和高

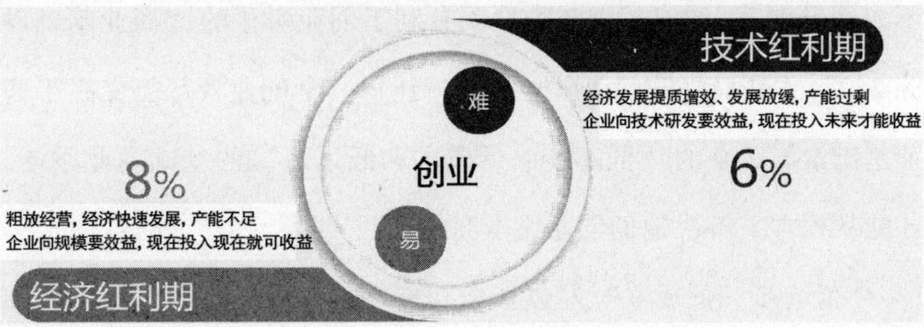

产出。这样的商业基础设施非常适合创业者进行创业孵化，因为起步要求不高，试错成本低，商业风险也低，同时掉头灵活。

商业基础设施 2.0 可以大大降低年轻人的创业成本，一方面便捷的网上办公可以让他们不需要在城市 CBD 租用昂贵的办公场地，在房租便宜的远郊区、创业园即可进行创业孵化；另一方面，每个月只需付出几百块的费用，就可以享用到价值数亿元的网络服务器、大数据、云存储、云计算等商业基础设施 2.0 的高效服务，这也为创业者节省了大量的人力成本支出。同时，支付宝、微信支付等商业基础设施 2.0 网上支付平台也是即插即用、灵活便捷，创业者甚至不需要注册实体公司就可以零成本创业，这种没有实体公司的创业组织就是典型的“商业体”，他们已经是中国创业者群体里的中坚力量，如猪八戒网、淘宝网这类商业基础设施 2.0，就活跃着数百万计的个人“商业体”。

中国已经中长期地进入“L 型”经济增长阶段，这意味着创业的难度相比过去几十年将会有显著增加，所以政府提供了非常多的鼓励创业的政策措施，千方百计地减少创业成本，但与其“节流”

不如“开源”，政府积极鼓励发展有利于创业孵化的“商业基础设施2.0”才是最好的创业激励方案，让每一个创业者都能受惠于商业基础设施2.0的“低起步、低成本和低风险”的基础商业服务，才能从根本上解决他们创业成本高的难题。

“低起步、低成本”对创业成功有多重要呢？当今世界上最伟大的五家美国公司，都不是诞生在纽约或华盛顿的高楼大厦里，而是诞生在闭塞的“车库”里。1998年，拉里·佩奇在朋友的一间车库里创建了“谷歌”；1994年，杰夫·贝索斯成立的亚马逊网上书店也是在一个车库里；1976年，史蒂夫·乔布斯和他的团队在加州一个车库里组装了50台第一代苹果电脑；更早的迪士尼和惠普也是在车库里成立的公司。

互联网是年轻人的创业天堂，而商业基础设施2.0正是呵护这些年轻创业者的“天使”，当前中国的商业基础设施2.0企业正在蓬勃发展，很多年轻人已经选择借助商业基础设施2.0来进行创业，一定意义上讲，这和美国的“车库创业”文化有着异曲同工之妙，都是低起步、低成本的创业样本。

鼓励年轻人互联网创业（或商业基础设施2.0创业）真的好吗？会不会导致经济泡沫，伤害实体经济？

有一种观点认为，互联网经济是虚拟经济，不是实体经济，经济过度互联网化存在泡沫化的风险。其实，经济泡沫的原因在于不流通，要素资源都向少数几个产业聚集就会产生严重的泡沫，如中国的房地产、金融领域都存在相当大的泡沫，资金只进不出、体内循环，而商业基础设施 2.0 的连接和效率优势，恰恰是要让所有的要素资源在各产业间都自由地流动起来，那些有泡沫和淤积的经济领域会因此迅速破裂，不仅整体的泡沫化风险会减小，实体经济也会被商业基础设施 2.0 的即时商业响应和无缝供需对接迅速盘活。

其实，绝大多数对经济过度互联网化的担忧，都可以归因于“中国制造业的既得利益者不愿意放弃商业控制权”和“传统金融机构不愿意放弃金融霸权”。一方面，传统做实业的方法正面临着商业基础设施 2.0 的极大冲击，他们集约式生产、粗放式制造和代理式销售的方式，在刚刚起步的“智慧商业”面前就已经优势尽失，但他们不希望被商业基础设施 2.0 主导；另一方面，传统金融机构对底层商业的资金饥渴无能无为（具体表现就是无法面对底层商业信用风险而产生的“惜贷”），他们擅长的是发放有“抵押物（大多是房产、股票等）”的贷款，但互联网“信用”却是真正的信用，无须抵押物，所以互联网“智慧商业”将会断了他们的财路。

天行健，君子以自强不息。未来，年轻人抛弃一切干扰，通过“商业基础设施 2.0”的创业大爆发，必将会夺取中国制造业的商业控制权和消灭金融霸权，从而重塑中国制造业的效率优势和提升智慧化程度，并让金融为底层商业中的实体经济服务实现真正的金融普惠，我对商业基础设施 2.0 与年轻人的这样一场漂亮的“逆袭”充满了期待，加油吧，年轻人！

3. 智慧商业成主流，城市群将崛起

商业基础设施2.0时代，商业在地理空间上也同样存在“末端爆发”的极大可能，具体将表现为“城市群”崛起，也就是“区域经济”发展呈现大爆发。这是为什么呢？

传统商业基础设施带来的边际经济增长红利已经越来越小，但商业基础设施2.0带来的边际经济增长红利却越来越大。以青岛港为例，在采用智能化生产控制系统后，其作业效率比传统港口提升了30%，人力减少85%，这意味着如果传统港口想达到这样的作业能力，需要在青岛港现有规模基础上再扩建1.3倍，但还要受地理条件、改造成本、人力成本等多重因素限制。这意味着传统摊大饼的大城市、特大城市的发展模式将会因此终结，以商业基础设施2.0统领的“智慧城市群”发展模式将是首选。

其实，随着中国城市发展格局已经基本确立，大力建设传统商业基础设施、向传统商业基础设施要经济效益的时代已经很难再发展下去了，而提升商业基础设施的“智慧化”程度、向商业基础设施2.0要经济效益的时代正在来临。

目前，包括浙江杭州、舟山、宁波，江苏的苏州、无锡和南京，广东的深圳、广州和珠海，以及河北雄安、四川成都，北京、重庆、天津等省市都在发力提升城市基础设施的智慧化水平，积极发展“智慧城市”和“智慧城市群”。

可以想见的是，大城市、特大城市与周边中小城市因基础设施

差距带来的效率鸿沟，将很快被基于“商业基础设施2.0”的智慧城市和智慧城市群抹平，而各城市间的相互联系和协同效应将会显著增加。

不可避免的情况是，人们将从高房价、高物业费用、高生活成本和高创业成本的大城市、特大城市向新兴的“智慧城市群”流动，因为那里既有效率优势，又有成本优势，还有连接优势，“智慧城市群”将是商业机会集聚和扎堆的高地，现在流行的“逃离北上广”将会在不久的将来真实上演，如果剔除大学主要分布在几个特大城市的因素外，北京、上海、广州等特大城市的人口都将呈现出基本稳定或净减少的趋势。

相比定位特大型城市和绝对中心化发展的北、上、广，弱中心化的雄杭深及川渝城市群则更符合“智慧城市群”的发展条件，这些地区较低的房价、较低的生活成本、便利的交通、良好的互联网创业环境以及互补的城市群格局等，不仅是吸引年轻人、适龄劳动力的有利条件，更是发挥城市间协同效应的理想之地。

从历史来看，不仅仅中国的北上广这些传统特大城市面临“让位”的问题，美国传统经济中心城市，如纽约、洛杉矶、芝加哥、底特律，也都面临被新兴的硅谷、西雅图、盐湖城、奥斯汀等城市超越，传统经济中心尾大不掉，很难完全适应快速发展的新兴商业。

“末端爆发”作为《商业向心力》管理理论的实践版，它本质上还是遵循着商业向心力的商业逻辑，那么，从商业向心力角度来看为什么雄杭深和川渝城市群会崛起呢？首先，商业向心力是以人为本的商业，年轻人去向哪里，哪里就会迅速发展起来，这是丧失年轻人吸引力的北上广将让位给雄杭深及川渝城市群的根本原因；其次，商业向心力也是发挥生态效应的商业，城市群之间是可以发挥生态协同的作用，从这一点来说，“京、津、冀”要建设一体化的城市群是非常具有战略眼光的政治决策。

当年轻人要把一半的工资贡献给房租，不吃不喝十年也买不起房，通勤的时间成本居高不下，年轻人还有什么理由不逃离北上广去更低成本、更高效率和更大发展空间的“智慧城市群”呢？据百度地图发布的基于大数据的中国城市研究报告显示，北京是全国人均拥堵成本、单程通勤距离最高的城市，人们每年因拥堵多花4000元。一旦商业基础设施2.0抹平了北上广这些特大城市与其他城市群之间的效率鸿沟，北上广将不再具有人才吸引力是显而易见的。

从商业基础设施2.0的角度来看，未来杭州附近的城市群可以轻易地“连接”起全国，深圳附近的城市群可以方便地“连接”世界，而雄安附近的城市群可以“连接”中国北方大部及东北亚，川渝城市群则可以“连接”中西部广大地区，北上广则很可能因为没有城市群可以协同而陷入自我循环的“死连接”。

高楼大厦是低效率的代名词，空间不合理，工作生活不便，“智慧城市”应该是低成本、高效率的城市，人类的效率越高，时间就越值钱，集中式的高楼大厦带来的是较高的通勤成本，人们大半时间用在了通勤上，工作的有效时间就减少了，这不利于人们实现“即时的商业响应”。基于商业基础设施 2.0 的智慧城市应该是扁平化的空间布局（正在建设中的雄安新区就不会有高楼），不应该是百米高的高楼大厦林立，而应综合考虑通勤成本等以低层建筑为主的合理布局。比如，阿里巴巴总部大楼没超过七层，京东大厦也不高，百度大厦也是。十年后，人们会非常反感生活和工作在好几十层、上百层的高楼里，特大城市会渐渐瓦解，智慧城市群将会崛起。

四、数据战争：数据处理和应用能力决定“爆发”潜力

无论是微观层面商业体的末端爆发、中观层面商业生态的末端爆发，还是宏观层面国家经济的末端爆发，它们都是“商业基础设施 2.0”对现代商业竞争规则进行彻底改写和重塑的必然结果。借由互联网商业基础设施的广泛连接和海量数据的即时处理，现代商业竞争正在进入一个全新的、更高级的和智慧化的阶段，它迫切需要与之相适应的商业竞争理论来指导。

相反，如果我们依然沿用传统的商业竞争规则，来指导代表未来的商业基础设施 2.0 时代的商业竞争，那将会如同“用珠算推理

人工智能"一样无能为力和荒诞不经，而这也正是我写作《末端爆发》竞争理论和《商业向心力》管理理论的一个重要原因，经济专家们可以不留情面地指出两本书的幼稚和错误之处，但我不能坐视在一个剧烈变化的商业世界里大家故步自封到始终对过时的商业竞争理论敝帚自珍的程度而不理。

言归正传，商业基础设施 2.0 重塑现代商业并使其"末端爆发"的根本动力是什么？我们能否更好地利用这种动力来为现实商业服务，从而让更多的新兴商业体在现实中"爆发"呢？

众所周知，传统商业基础设施之上的商业体（我称之为"传统商业体"），"人的效率"、"机器的效率"和"组织的效率"共同决定了商业体的竞争能力。但商业基础设施 2.0 时代的商业体（我称之为"智能商业体"），基于海量数据处理和应用能力的"人机协同的效率"、"机器智能的协同效率"和"生态协同的效率"共同决定了商业体的竞争能力。

传统商业体和智能商业体的本质区别就在于"数据处理和应用能力"的不同，菜鸟网络、滴滴、支付宝等智能商业体（或者说智能的商业基础设施），如果没有海量数据的处理和应用能力就会立即陷入瘫痪，而附着于其上的其他商业体也会即刻失去工作能力。

也就是说，"数据处理和应用能力"是现实商业在末端爆发的根本动力，它们既是智能商业体进行人机协同、机器智能协同和生态系统协同的基础，也是"商业基础设施 2.0"所构建的海量连接得以实时、高效运行的基础。

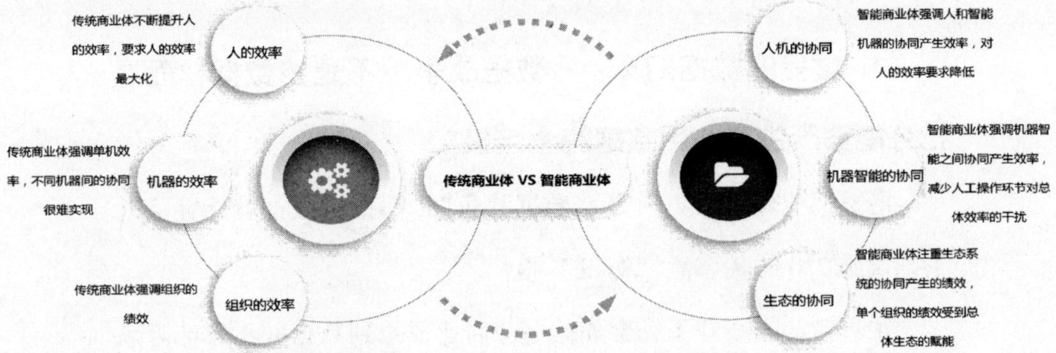

这也意味着，新的商业竞争规则必须围绕着“数据”以及数据所依赖的“连接”来进行，“商业基础设施 2.0”以及在此基础上的“末端爆发”，其本质就是现代商业的一场“数据战争”，谁能更好地利用数据提升效率，谁就能更好地连接无数个“爆发”的智能商业体和超级用户，从而赢得未来的商业竞争。

人类的下一场世界战争，将不是为了抢夺石油或经济发展权而战，而将是因为争夺“数据”而打响，只要掌握了商业末端的一系列“数据收集、数据存储、数据分析、数据应用、数据连接和数据反馈”的主动权，也就掌握了未来商业世界的命脉。

数据资源将会被谁“控制”呢？答案既不是“互联网+”的企业，也不是工业 4.0 的工厂，更不是存储了海量数据的几百万台服务器，而是具有“商业基础设施 2.0”特质并连接了海量商业体和无数用户的少数几百家智能商业体。

1. 虚妄的数据幻觉："数据战争"不是抢数据，而是抢夺能够产生并利用数据的"连接"

既然商业爆发的本质是"数据战争"，那抢到数据就能在商业基础设施 2.0 时代恣意"爆发"吗？

很可惜，答案并不完全如此——商业体抢到数据并不意味着就可以爆发，因为"数据战争"的重点并不在于数据，而在于能够产生并利用数据的连接。也就是说，数据战争的本质是连接之争，谁能抢到足够多的"连接"，谁就能拥有源源不断的海量"数据资源"，而海量数据的处理和应用又会反向"优化连接"，被优化的连接则会再次强化数据的收集和处理能力，这是一个"连接"和"数据"彼此之间循环往复的完美商业迭代和爆发过程，而仅仅拥有数据就想要商业爆发是一种虚妄的数据幻觉。

所以，如同我在上一章"未来已来，面向未来的'商业基础设施'"中称"90%的数据都是垃圾"一样，我把人们过度看重数据并意图单独凭借海量数据的存储及处理就想要商业爆发的想法称为商业的"数据幻觉"。

我关于"数据幻觉"的第一个预判是：任何脱离了连接而谈数据的行为都是"买椟还珠"。数据重要，还是连接重要？在智能商业时代，撇开连接和数据中的任何一方去谈另一方都是十分错误的想法，因为它们就像是一枚硬币的两面，撇开任何一方都不会有任何价值可言。试想，菜鸟网络离开了"连接"还是菜鸟吗？没有了

"数据"还是菜鸟吗？重要的是，没有数据，通过连接尚可以重建数据，但若没有了连接，空有数据也无用武之地。目前，在大数据发展红利的诱惑下，一些先知先觉的资本赌博般地投入巨资收集海量的互联网数据，建设庞大的数据存储和处理中心，但这些数据除了躺在数亿元的机器里以外，并不能产生任何的商业价值，最后甚至成为泄露个人隐私的源头。

我关于"数据幻觉"的第二个预判是：任何不能够优化连接的数据处理都是"竹篮打水"。大数据技术是为了"优化"连接才出现的，数据不是目的而是手段，人们做任何事情都要时时不忘回问自己的目的和初衷，并基于目的和初衷寻找解决问题的手段，当一种手段行不通时就另寻其他的手段，而不是把手段当目的。从一开始，大数据技术就是为了优化各种连接的效率而出现的。比如，起初企业想要营销变得更高效，所以就想到要建设客户管理的数据库（CRM 系统），而当信息泛滥以后，企业又希望营销变得更精准，便出现了基于个性化推荐、精准广告、用户画像更高级数据处理的精准营销数据库系统（DMP 平台）。所以，无论是过去还是现在，大数据技术的目的始终都是优化连接，提高商业连接的效率，而不是为了获得数据本身，脱离了连接谈数据就是舍本逐末，最终的结果就是竹篮打水一场空。"数据战争"的目的是实现商业的效率革命和构建智慧商业，而不能够优化连接的数据处理，对总体的商业效率提升恰恰是零贡献的。

我关于"数据幻觉"的第三个预判是：任何不能够实时更新和

迭代数据的数据挖掘都是“枉费心机”。从时间的角度来看，为了实现即时商业响应和无缝供需对接的智慧商业目标，时间越往前的数据的价值将会越低，而越是新近的和实时的数据的价值越高，大量的数据都将会因为时间的向前推移而变成无用的垃圾。比如，GE 发展工业互联网收集的飞机引擎数据，是为了更好地确保飞机当次的飞行安全（相当于“优化当次的连接”），当一次飞行任务结束，该次飞行的所有引擎数据就会躺到数据中心里等待被重新唤醒，甚至是就此永远沉睡或消失。

“数据战争”基础上的商业大爆发是正在发生和真实存在的，但它既不是数据的独角戏，也不是连接的相声单口，而是连接和数据共同协作的双人舞，中国的商业精英们千万不要被虚妄的“数据幻觉”误导了方向。

2. 盲目的机器崇拜：“数据战争”贵在人才建设，而非盲目发展人工智能

2017 年，所向披靡的围棋人工智能 AlphaGo 搅动了商业和科技界的敏感神经，全世界范围内掀起了一股人工智能的发展热潮，中国企业在人工智能方面的投入和发展更是史无前例。

人工智能作为一门基于计算机大数据技术发展起来的自然科学和社会科学的交叉学科，先后经历过至少两次的发展热潮和寒冬，但都在下一次热潮中得到了长足的发展和进步，这一次的热潮中，人们普遍乐观地认为人工智能未来将会成为替代人类的机器智能。

但寄希望于各种人工智能应用的普及来赢得未来的“数据战争”，这样的想法是对的吗？现实商业要依赖人工智能的数据处理及应用能力来实现爆发吗？

可以从两个层面来回答这一问题。

一是商业向心力竞争的本质是“以人为本”的生态竞争，任何除了人以外的大数据技术、人工智能以及其他新兴互联网技术都只能是现实商业可供利用的“工具”，“末端爆发”作为商业向心力竞争的一种最佳实践也不例外，人工智能是一系列数据算法和应用的集合，无论如何智能，它本身只能按照人为设定的算法来工作，并不具备人的意识及生态的意识，所以不可能主导现实商业和未来智慧商业的末端爆发，更何况即便是弱人工智能的发展成熟也仍然还很遥远。

二是商业的智慧化发展越来越快，但人工智能还远远不能解决现实商业中的数据处理问题，即便它们能够解决现实商业中的数据处理，也会因为其不能“发明新的算法”而很快被淘汰。从超级计算机、分布式计算到海量数据的云端处理，从贝叶斯、树图算法到深度学习算法，从现在的电子计算机到未来的量子计算机，更好的、更高效的数据算法始终等待着人类不断地去探索和发明创造，而这一切只能依赖于人。退一步讲，即便人工智能可以帮助我们赢得“数据战争”，但在人类发明出更高级的量子智能之后，它也将会一败涂地。

所以，“数据战争”的关键还是人才之争，而非人工智能之争。

盲目的机器崇拜，无论是现在还是未来都不可能是智慧商业的最终宿命，当然，它也不可能是现实商业在末端爆发的依托。

3. 商业基础设施 2.0+：超越“互联网+”和“工业 4.0”

2017 年，可以说是“商业基础设施 2.0”发展具有标志性意义的一年，国家层面提出要加快完善“数字基础设施”。

2014 年起，“大数据”概念首次被正式写入了《政府工作报告》；2017 年 10 月，“十九大”报告明确提出要推动互联网、大数据、人工智能和实体经济深度融合，建设数字中国；2017 年 12 月，中共中央政治局就实施国家大数据战略进行第二次集体学习，强调要审时度势、精心谋划、超前布局、力争主动，推动实施国家大数据战略，加快完善数字基础设施，加快建设数字中国。

其实，中国崛起的大机会正是基于国家大数据战略的“商业基础设施 2.0”，而不是单纯的“互联网+”或“工业 4.0”。

工业 4.0 不是完整的商业闭环，它无法独立完成无缝的供需对接，必须接入互联网物流基础设施、网络购物基础设施等其他的商业基础设施 2.0；而传统商业体的“互联网+”不是完全的即插即用的智慧商业，它无法有效达成即时的商业响应，并不具有效率优势。

所以，中国要发展的应该是智慧化的“商业基础设施 2.0”和“商业基础设施 2.0+”。因为只有建立在海量数据处理和广泛连接基础上的“商业基础设施 2.0”，才能够完美解决“即时商业响应”和“无缝的供需对接”问题，工业 4.0 作为一种“商业基础设施 2.0”的商业基础设施，必须接入其他商业基础设施 2.0 才能最终实现这样的商业价值。

归根结底，未来的“数据战争”，除了是连接之争和人才之争外，更是商业基础设施 2.0 之争，谁掌握了商业基础设施 2.0，谁就抓住了工业 4.0 和“互联网+”的根本，谁就牢牢掌控了整个商业世界的神经网络。

更为重要的是，一旦中国基于互联网、云计算、大数据、人工智能等构建的面向未来的商业基础设施成为中国乃至世界通用的商业基础设施，让更多的微信、阿里巴巴、菜鸟网络、华为这样的商业基础设施 2.0 企业扎根中国、走向世界，从而催化更多的中国的和世界的商业新物种、独角兽企业在这些商业基础设施 2.0 之上不断爆发，中国之崛起也将会更加步伐稳健且坚不可摧。

事实上，眼下末端爆发的商业新物种创造也正在让中国成为耀眼的“创新之国”，它昭示着我们，未来中国崛起的大机会不是工业 4.0，也不是“互联网+”，而是“商业基础设施 2.0”。

第三章

大国重器：进击的商业基础设施1.0与中国机遇

中国正在成为一个各行业“商业新物种”不断爆发的“创新之国”。

自 2010 年至今，互联网新经济以平均每年 3—5 个新风口的速度“爆发”出数量众多的商业新物种，截至 2018 年已然火爆的新零售、区块链和社交电商，这样罕见的商业爆发已经持续了整整九年时间，举目全球中国都可谓风光无两。

2017 年，全球有 57 家初创的商业新物种取得“独角兽”的称号，估值总额达 1165 亿美元，这其中中国和美国的独角兽估值总额分别为 546 亿美元、487 亿美元，中国的新增独角兽估值已超越了新经济领域最为发达的美国。

从曾经被外媒鄙夷的“山寨之国”，到眼下接受仰望的“创新之国”，究竟是什么催生了中国商业新物种、独角兽以及创新人才的如潮涌现？究竟又是什么赋予了中国新兴商业逆势崛起的爆发之力？答案依然是“商业基础设施 2.0”。这绝不是我“没有任何一种答案比商业基础设施 2.0 更有说服力”的执念，而是现实商业中爆发的新物种鲜有可以超然于商业基础设施 2.0 之外的存在，商业基础设施 2.0 能够触及现实商业的末端，它们能够精准地为每一个商业体、每一个人甚至于每一次商业交易中的某一个细节赋能。

本篇将通过“创新之国”、“商业之钥”、“连理嫁接”、“优势锁定”、“社交红利”、“商业链爆炸”六个章节的内容，来深度复盘和前瞻推演商业基础设施2.0之上的中国商业新物种大爆发和新兴商业大逆袭。

一、创新之国：商业基础设施2.0之上的“新物种大爆发”

假如我没有走出深山，没有接触互联网，可能我现在还是一个在偏僻山村里面朝黄土背朝天的庄稼汉，我想哪怕是现在便利店里寻常的网络支付对于我来说都将是闻所未闻的“新物种”，而盒马鲜生这种接入了多种商业基础设施2.0的“商业新物种”可能会完全超出我所能理解的范畴。

并不是因为贫穷限制了我们的想象力，而是穷乡僻壤之地低水平的商业基础设施根本就产生不了同时也支撑不起这样异想天开的商业创新，就如同电影《上帝也疯狂》里的那只玻璃可乐瓶，由于没有可以生产玻璃瓶的工业化基础设施，它已经严重超出了非洲原始部落居民的理解范围。对于蒙昧的原始部落居民来讲，它已经不是“新物种”，而是“外星生物”。

低效率、低科技含量的商业基础设施之上，注定只能产生低效率和低质量的商业创新，唯有当更高阶的商业基础设施出现之后，才能产生更高效率和更高质量的商业创新——那些我们从未见过的“商业新物种”。

从最初的石器时代、农耕时代、工业化时代到现代的信息化时代，乃至未来的智能化时代，不同商业时代的基础设施产生了不同质量水平的商业创新和商业新物种。从农耕时代进入工业化时代，蒸汽火车、汽车、轮船都是“新物种”；从工业化时代过渡到信息化时代，搜索引擎、电商、互联网电视都是“新物种”；而从信息化时代过渡到智能化时代，智能手机、新零售和人工智能都是“新物种”。

所谓的“新物种”，不过是商业向更高一级商业基础设施阶段进化的一种过渡性称谓，之所以我们现在称盒马鲜生、滴滴、摩拜等为“新物种”，仅仅是因为我们还没有进入智能化时代。在不久的将来，现在所有风头正盛的“新物种”，都将只是智能化商业时代的“普通物种”。

就连当前轰轰烈烈的“新零售运动”，也不过是在信息化时代诞生的传统零售行业开始全面接入以智能化为特征的商业基础设施 2.0 而已。总有一天，当商业社会真正进入智能化时代之后，我们终将对当前发生的所有石破天惊的商业创举都习以为常。

遗憾的是，现在依然有一股不可抵挡的神秘商业力量吸纳着海量的商业资源，透支着巨量的社会财富，却一次又一次地按下回退键，意图把我们拉回钢筋水泥的传统商业世界。假如此生我们都为建造、炒作和拥有更多的“水泥格子”而努力奋斗，拥有五千多年光辉历史的炎黄子孙势必会错过未来世界的所有精彩，成为智能化商业时代里最低等级的物种存在——这不是我所愿见的，所以我希望借自己对“商业新物种”的观察和推演，启发更多年轻人发掘对未来智能化时代的所有瑰丽想象和付诸建设智能化时代的切实行动。毕竟，我们的祖先义无反顾地从黑黢黢的山洞里走出来，不是为了有朝一日再重新被拘禁在水泥格子里的。

1. 五流贯通与速度之国

当前，互联网虚拟世界海量数据高速“流动”的背后，是实体商业世界“人流、物流、资金流、商品流和信息流”的加速流动和贯通。可以说，各种要素资源的“加速”流动已经成为这个新兴商业时代最鲜明的注脚。

互联网的数据流就如同电影《爱丽丝梦游仙境 2》里的“时间机器”一样，赋予了实体商业世界中各种要素资源加速向前的能力，有太多人因此感慨，此时此刻的现实世界将是我们余生中最慢的一天。

当下，资金流、信息流以秒计，物流、商品流以时计，人流则仿若跨越了时空的限制……这一切都要归因于商业基础设施 2.0 的作用和影响。从来没有任何一个时代、任何一个国家能够像现在的中国一样，实现了从“人流、物流、资金流、商品流到信息流”的五流贯通，它们正在合力把中国打造成一个拥有更快商业响应和对接效率的“速度之国”。

现在，就让我们从五个代表性的商业基础设施 2.0 之上爆发出来的为数众多的“商业新物种”中洞见一个冉冉升起的速度之国吧！

微信星球：人流的贯通

自仓颉造字始，人类想要更便捷沟通的努力就没有停止过，为提升人们之间的沟通效率，人类先后发明过驿站、飞鸽传书、电报、电话以及能够传输多媒体信息的互联网 IM 工具，但它们都无法做到随时随地和广泛连接，直到以“微信”为代表的移动社交网络基础设施的出现，才彻底打通了现实世界的“人流”。

人类从来没有像现在一样用一个微信上的各种第三方应用和小程序，就可以实现生活中包括信息传递、买票购物、订酒店、医院挂号、生活缴费和转账付款等在内的几乎所有的日常“沟通”，微信可以说是 21 世纪诞生的比电话更为伟大的发明，它带来了人们在生活、娱乐和工作等方面连接效率“质”的提升。

现在，我们可以基于微信之上的众多“商业新物种”轻易地进行人际互联互通、商业即时响应和供需高效对接。未来，随着微信身份证、微信政务等更多生活应用的普及，我们将可能会真实地生活在一个虚拟世界的“微信星球”当中，我们每一个人都将是这颗“微信星球”上的高等级生物。一个鲜活的案例是，当法国小伙从

“微信星球”返回到自己的国家时，他突然觉得自己就像是从现代化大都市回到了凋敝乡村一样，无论做什么事都感觉非常的不便。

而且，微信平台上还在持续地爆发着大量的“商业新物种”，比如小电铺、拼多多、微店、有赞等社交电商，都已经成为影响广泛的电商新物种。

菜鸟天空：物流的贯通

“一骑红尘妃子笑，无人知是荔枝来。”古往今来，传统物流基础设施都是一种“奢侈品”，不仅无法做到即时响应，而且还只适合大宗货运或极少数的权贵阶层使用，单件货品的物流贯通始终是一个世界性的难题。

这样的状况一直持续到智慧化物流的出现才得以最终解决——以菜鸟网络为代表的智慧化物流基础设施彻底打通了现实世界的“物流”，让各种物品的流动都开始加速，并且每一件物品都能够被精确地定位和追踪，为去往不同目的地的海量物品设定最优的物流路线并在尽量短的时间内完成送达。

可以说，借由现代智慧化的物流基础设施，每一件物品都像长了“翅膀”一样，可以自由地来往全国各地。而且，智慧化物流带来的“物流毛细血管”的贯通，对商业的影响是革命性的，它从根本上提高了商业运行的速度和效率，让每一件物品都获得了“加速”的能力。

盒马鲜生、无人货架、无人商店等很多新零售业态就是菜鸟网络上爆发的“新物种”代表，正是高效率的智慧物流基础设施催生了我们从未想过的商业创新。

蚂蚁森林：资金流的贯通

资金无疑是最重要的商业要素资源，几乎所有的商业活动都要有资金的参与，人们用“金钱永不眠”来形容处在世界商业最顶端的美国华尔街，而中国古代最成功商人的终极追求也是“汇通天下（以及货通天下）”，就连在中国经济发展至关重要的改革开放中引入外资也是首要任务。

以蚂蚁金服为代表的互联网金融基础设施，让资金快速地流动了起来，从基础的生活支付、转账汇款，到消费信贷、小微企业信贷、个人理财等，资金流在涉及人们生活、工作、消费、经商、理财等广泛的金融领域都已经实现了以秒为单位的快速融通，所有阻碍资金融通的关节都已经或正在被互联网金融基础设施打通，以至当下最火热的区块链技术都想要彻底消灭阻碍资金流通的所有信用中介。

从零起步的蚂蚁金服经过短短五年时间的快速爆发，其估值就超过了1000亿美元，而其他众多互联网金融企业的发展也是如火如荼，这背后是市场的资金需求和供给实现了前所未有的高速流动和精准对接，它们就像森林里盘根错节的根蔓一样静默无声地纾解着实体经济和普通民众的资金饥渴。在《商业向心力》中这样描述资金流贯通的巨大变化：“在过去的五六年时间中，巨量的原本沉睡在银行系统中的资金快速地‘流动’起来，‘资金’这一被互联网‘激活’的商业要素资源就像长了脚和翅膀一样，走起来了，跑起来了，飞起来了……”

互联网金融基础设施带来的“商业新物种”爆发可谓蔚为壮观，仅基于支付宝、微信支付等网络支付的新物种就已不可胜计。比如，如果没有互联网金融基础设施的网络支付功能，现在我们手机上的诸如得到、知乎、果壳、喜马拉雅等几十家知识付费 App 都不可能会出现。

阿里云图：商品流的贯通

传统商业一直致力于解决的流通问题始终是“商品流”，即让不同地区之间的商品实现相互流通。而且，“商品流”也一直是远比人流、物流、资金流、信息流等都更为重要的商业流通环节，以至人们一直误以为商业就只是为了实现商品的流通。

以阿里巴巴为代表的网上购物商业基础设施，已经实现了中国传统商业精英们梦寐以求的“货通天下”的商品流梦想。同时，阿里集团正在通过阿里巴巴、天猫、淘宝、闲鱼等搭建一个让商品在全世界上百个国家自由流通的商业网络，并且这一商业网络还在疯狂地向更广的地理空间和更深的村镇市场扩张，马云更宏大的目标是通过更广泛商品流网络的建设将阿里巴巴建设成为世界第五大经济体。

经由便捷的电商网络，中国的商品流就像“云”一样覆盖了每一处天空，让即便是偏远的农村也不再有一处商品稀缺之地。由于大数据、云计算、互联网金融、个人征信、智慧物流、网络购物、移动办公软件、掌握智能应用的人才等各种商业基础设施 2.0 的完善和发达，阿里巴巴商业生态已经成为中国“商业新物种”爆发最为活跃的存在。

头条海洋：信息流的贯通

商业的发达离不开完善和发达的“信息流”系统，无论是国内还是国外、过去还是现在，商业高地也都往往是信息高地，那些信息闭塞的地方商业也往往凋敝。

传统上，报纸、电视作为主要的信息流载体，它们的报道往往偏向于服务大城市、大企业，广大的不发达地区和中小企业往往成为整体“信息流”中真空一样的存在。

而与传统上“信息流”在大城市里比较发达、让占总体比例较小的大企业受益不同，商业基础设施 2.0 让“信息流”实现了网络空间上的均等化和大中小企业的普惠化。以今日头条、知乎、微信公众平台等为代表的社交化信息平台基础设施，让数以亿计的自媒体代替了少数的新闻机构成为“信息流”系统的内容提供者，它一方面降低了信息流的进入门槛，打破了传统新闻机构的信息流垄断，实现了信息流层面的商业普惠。另一方面也打通了大城市的信息流堰塞湖，让最新的信息和最前沿的知识借由均等化的网络向更广泛的地理空间扩散，填平了横亘在偏远山村和发达城市之间的信息鸿沟。

“信息流”的贯通对于打破大城市主导经济发展的传统经济格局具有革命性的意义，因为“信息流”的均等化意味着商业的进一步均等化，当处在偏远农村的人与处在大城市的人之间没有了信息差时，也就意味着他们的商业机会、商业决策和商业行为上的不对称彻底消失了，社会整体的供需对接效率和即时商业响应效率都会因此提升。

“信息流”的贯通，或者说信息流的均等化和普惠化，是各种新兴的“商业新物种”能够快速爆发的重要条件。信息的快速流动和扩散，让人们不再因为“新”就觉得陌生，不再因为“新”就放弃尝试接触，而是越是“新”事物就越好奇，越是“新”的事物人们就越有主动传播的意愿。所以，互联网金融“新物种”成为各大信息流媒体的头条，区块链“新物种”成为各大信息流媒体热捧的对象，新零售“新物种”也成为各大信息流媒体热炒的题材……“新”不再是商业快速发展的阻碍，而是商业快速爆发的资本。

2. 群氓协同与生态之国

千万不要低估“生态系统”的物种创造力和爆发力。

越单调、肃杀和封闭的生态系统中，进化出新物种的概率就越低，而越丰富、活跃和开放的生态系统中，进化出新物种的概率就越高，所以撒哈拉沙漠了无生机，亚马逊丛林生机勃勃。微信生态中，每天都在爆发新物种；阿里生态中，每天也都有新物种爆发，这些都是其繁荣的生态系统内的物种协同带来的结果。

传统商业最致命的缺陷就是生态系统的单调、肃杀和封闭。

传统商业生态系统内的商业物种之间彼此孤立、割裂，如同被篱笆人为隔离开一样，物种之间商业无意识和生态零协同是其主要特点，传统商业中几乎所有的“连接”都是赤裸裸的“金钱交换”关系，始终秉承的是“消费即终止、购买即结束”的商业观，信息化时代的企业和消费者完全没有智能化时代商业体和用户的“开放、灵活接入”的意识，这样封闭的商业生态系统很大程度上限制了商业新物种的创造和爆发。

在传统商业里，人们能接入的最大商业生态不过是万达商城、沃尔玛、国美电器城、大红门批发市场和义乌小商品城，这样狭小的商业生态限制了个体的爆发和繁荣，跨越地理空间的无数个体难以进入生态中进行商业协同，是一种典型的物种单调、生态封闭和效率奇低的商业。

由于地理空间、连接能力和商业承载方面的局限，大量的商业体、人才和商品无法“接入”商业生态中来。顾客耗用大半天的时间也未必能逛完一条仅有几万个商品品类的步行街，相比阿里巴巴为代表的未来智慧商业，这样闭塞的生态系统太过于原始，所以作为新物种的“新零售”开始轰轰烈烈地改造传统零售业，让它们接入更大的互联网商业生态系统中来。

而构建在商业基础设施2.0之上的互联网智慧化商业生态系

统，则是一个丰富、活跃和开放的商业生态系统。

当前的中国互联网智慧化商业生态系统是一个非常开放的生态系统，每一个人都可以通过接入商业基础设施 2.0 成为一个“商业体”或“商业物种”，十几亿个人就是十几亿个商业体和上千万的商业物种，他们通过网络连接自由地进行供需组合和彼此协同，让中国成为一个高效运作和快速爆发的“生态之国”。

比如，当有一个商业体在知乎上发布一条求助提问信息，就会有接入知乎的其他商业体给出他们专业的回答，然后其他看到回答的商业体也会根据自己的判断优选最好的答案，这就是互联网商业连接中“群氓协同”带来的结果。而在传统的商业生态中，这样的求助信息只能在狭小的空间内获得粗浅（未经筛选）的回应。

历经二十多年的快速发展，中国的互联网生态系统中的商业物种已经归于丰富和繁荣，不同的商业物种彼此依靠和托举，均为其他商业物种的生存繁衍贡献自身的生态价值，它们就如同“长长的生物链”一样协同运行，维持着总体生态系统的有序和繁荣。

凯文·凯利在其经典著作《失控》中就曾讲道：“科学界早就认为大量个体和少量个体的行为存在重大差异。群聚的个体孕育出必要的复杂性，足以产生涌现的事物。随着成员数目的增加，两个或更多成员之间可能的相互作用呈指数级增长。当连接度足够高且成员数目足够大时，就产生了群体行为的动态特性——量变引起质变。”

由商业基础设施 2.0 构建的智慧商业生态系统具有两大特征，

一是拥有“大量个体”（很多商业生态中都拥有上亿用户）；二是个体间可以很好地进行协同（借由连接和数据的作用）。这两大特征带给（商业基础设施2.0之上的）生态系统的好处——个体的繁荣引发了商业的涌现，群氓的协同加剧了物种的爆发。

量变引起质变，商业基础设施2.0让中国成为一个大量个体彼此协同的“生态之国”。在一个大量个体“群氓协同”的互联网商业生态中，人们不再是彼此割裂的一盘散沙，而是互相托举的一团和气，每一个人背后都有很多人在想办法帮助他提升效率、降低时间及金钱成本，带来了商业的涌现，每个新物种都因群氓的协同具备了快速普及、迭代进化和商业变现的能力，造成了物种的爆发，而这就是商业基础设施2.0之上新物种爆发的生态逻辑。

3. 蜂族崛起与效率之国

自遥远的石器时代开始，远古人类就已经意识到发明利用工具提升效率的重要性，后来又发明了文字和各种科学知识来武装大脑提升效率。但是，传统商业基础设施只能发挥工具的作用，对人类大脑的效率提升却没有丝毫的贡献；商业基础设施2.0则不同，它们除了可以作为人类提升效率的工具，还越来越成为“人脑的一种延伸”，成为人们武装大脑、提升效率的不可或缺的“外脑”。

美国励志电影《永无止境》，讲述了一个事业爱情双失意的男主角通过服用一种神秘药物让自己的大脑一跃成为拥有更高工作和学习效率的“超级大脑”，从而摆脱人生窘境走上人生巅峰的科幻故事。其实，现实中人类已经不需要服用幻想中的药片就可以拥有“超级大脑”了——借由商业基础设施 2.0，人们已经可以进化成为拥有更高工作效率的“蜂族”。比如，作为一位程序员，只要接入“云计算”的网络基础设施，就可以轻松完成每秒上亿次的运算；作为一名快递员，只要接入“云物流”的网络基础设施，就可以智能地处理来自或去往全国各地的包裹。

从低效率的“蚁族”到更高效率的“蜂族”，乃至未来的“智人（智能人才）”，商业基础设施 2.0 让人类数千年来头一次拥有了“超级工具”和“超级大脑”，带来了商业社会大跃进式的人才进化，而正是人才的进化从商业底层推动着中国成为一个商业上的“效率之国”。

随着商业基础设施 2.0 的应用和普及，越来越多的职业正在从“蚁族”进化成为高效率、优连接的“蜂族”。除了程序员和快递员外，新闻记者、司机、翻译、会计、广告人、设计师、警察、渔民、医生等职业的效率和连接能力都在前所未有地提高，以医生为例，新的互联网智能医疗设备让异地就诊、大数据疾病诊断和疾病的在线日志管理等成为现实，医生们的职业身份越来越智能化，效率越来越高。

就连我们普通人，也都因为“智能手机”、“微信”的存在而拥有了更高的工作生活效率，以购买电影票来讲，相比十年前需要提前至少半个小时排队购买电影票，现在只需要不到一分钟就能在微信上选座购票。

“蜂族”是商业新物种的基本构成单元，大量蜂族在各行各业中涌现，为更多的商业新物种爆发创造了条件。如果我们每一个人都能借由商业基础设施 2.0 进化成为更有效率优势和连接优势的“蜂族”，成为一个更高效的人才末端，中国总体的商业效率将因为生态内个体的“乘数效应”呈现出指数级的爆发，并最终从商业的末端引爆新物种。

4. 物种爆发与创新之国

人类社会的创新是一连串的“连锁反应”。

当蒸汽机被发明以后，便爆发了纺纱机、汽船、火车等一大批新物种；电被发明以后，爆发了电灯、电冰箱、收音机、电视机等一大批新物种；计算机被发明之后，个人电脑、手机、数控机床、Windows、Photoshop 等各种软硬件新物种爆发至今。

所以，创新不是偶然，而是必然，每当一个创新的关键临界点被突破之后，各种其他的创新就会大量涌现，就如同被触发的多米诺骨牌一样，产生了连锁反应。

当前，计算机“数据技术”的临界点正在被人类突破，包括社交网络、大数据、云计算、区块链、人工智能等在内的数据应用领域的创新已经产生了强烈的“连锁反应”，层出不穷的商业新物种在新的数据技术出现之后快速地爆发出来。以区块链技术为例，在比特币出现 10 年之后，关于区块链技术的商业创新终于开始大规模地爆发了，2018 年区块链技术已经成为最火爆的互联网新“风口”，大量新的商业创新和商业新物种正在借由区块链技术涌现出来。

人类创新的“连锁反应”，一方面表现为“纵向创新”会引爆“横向创新”，比如区块链技术创新引发的各行各业的商业物种创新；另一方面则表现为创新会在多个学科间交叉引爆，比如 GPU 的创新就带来了人工智能的一场创新变革。

现在的中国就是一个纵向创新引爆横向创新、创新在多学科间交叉引爆从而产生连锁反应的“创新之国”。

譬如，当共享单车出现之后，共享雨伞、共享汽车、共享充电宝、共享篮球、共享书店等横向创新的商业新物种便接踵而至；当二维码被发明之后，作为交叉创新的网络支付就彻底被引爆了，而网络支付的创新又带来了新零售商业物种的大爆发……更为重要的是，类似的商业创新，还正在因为创新的连锁反应而不断加速，中国现在三天时间内产生的商业创新，甚至比 20 世纪八九十年代三年产生的商业创新还要多。

这就是当下中国的真实写照：一个商业新物种的爆发，会借由“横向创新和多学科交叉引爆”的路径，带来更多行业领域的商业创新，从而成就更多商业新物种的出现和爆发，如此一生二、二生三、三生无穷，一个商业新物种大爆发的创新之国便由此诞生了。

二、商业之钥：谁掌握了末端，谁就掌握了竞争的主动权

俗话说："橘生淮南则为橘，生于淮北则为枳。"

商业新物种，也只有身处在一个融合了"速度之国、生态之国、效率之国和创新之国"的商业大舞台中，才能真正展现出"爆发"的商业活力，否则再智慧化的商业新物种也都只能因水土不服而落得英雄无用武之地的尴尬，盒马鲜生如果诞生在印度就只能碍于低效的物流而陷入崩溃。所以，那些赚得盆满钵满的新生代企业家，理应感激我们所处的伟大商业时代和同样伟大的中国。

火爆一时的商业新物种"新零售"，生于中国就是飞龙在天，生于美国就可能潜龙勿用，因为美国在物流、支付等方面落后的商业基础设施难以支持这一商业新物种的快速爆发。据工信部统计，截至 2017 年 10 月，中国移动支付交易规模已超过 81 万亿元人民币，位居全球之首，越来越多的人可以真正享受一部手机行天下的便利。正是作为中国新四大发明之一的支付宝、微信支付等移动支付的普及，以及菜鸟网络等智慧化物流系统的完善，才让"新零售"的发展如鱼得水。

商业基础设施 2.0 已经让中国拿到了一把通往未来“智慧商业”的钥匙，对于绝大多数的商业体和我们每一位普通人而言，比像过去一样费尽心机思考哪里的房子有升值潜力更为重要的是，如何才能更好地搭上中国“智慧商业”这辆快速奔驰的高速列车。

而细心思考那些已然或即将爆发的商业新物种“做对了什么”，对我们顺利搭上中国智慧商业的列车具有非常大的借鉴价值。

1. 新物种“末端决定论”

传统零售业的本质就是“批发”，新零售的本质才是“零售”。

传统零售业中，大到商业街、商场，小到集市、便利店，都是上一级的供应商层层向下批发形成的商业业态，所以传统零售业从来就没有实现真正的针对个体的商业“零售”，而是“伪零售、真批发”。

基于商业基础设施 2.0 的新零售将打破对“批发”模式的依赖，实现真正的商业“零售”。因为它可以面向每一个用户的具体需求提供精确的个体零售服务，而不是像以前一样为满足很多人的需求把大量的货物堆积在一个实体店铺或仓库中供消费者选购，所以我们看到盒马鲜生是“用户制”，而不是传统卖场的“消费者制”。

正因为没有与消费者建立起“连接”和“数据”机制，传统零售就无法精确地掌握每一个商业末端发生的情况，以及无法针对每一个商业末端的需求做出即时的商业响应和无缝的供需匹配，所以传统零售业只能采用粗放的、层层向下批发的“批发制”模式。

而以盒马鲜生为代表的新零售商业模式则迥然不同，由于它通过智能手机终端的盒马鲜生App、物流系统和大数据系统等商业基础设施2.0实时地掌握了商业末端的“连接”和“数据”，可以即时统计每一位个体用户的需求并向上倒推合理的商业供给，这让它彻底告别了对“批发模式”的依赖。

从“批发模式”到“新零售模式”的商业转变，不仅是商业基础设施2.0对传统零售行业的变革，更是对未来所有智能商业体的一大考验，商业新物种只有具备了精准地末端触摸、末端对接的能力，才能产生末端爆发的商业价值和在未来的智慧商业中占据一席之地。我将未来商业对商业新物种的这一考验称为“末端决定论”——谁掌握了商业的末端，谁就掌握了未来商业竞争的主动权，新兴商业体要比以往任何时候都要更加关心商业末端发生的情况。商业体关注商业末端发生的情况，不能局限于传统宏观“经典世界”的感知，要像科学家研究“量子世界”一样，深入商业末端的每一个细节当中，包括用户的每一次点击、每一步停驻、每一个眼神都需要纳入其中，甚至可以这样说，对商业末端的掌控越接近于“细节”，新兴商业体就会越接近于“智能”。

未来，不关心商业末端发生的情况，商业体就会没有生意，就会丧失商业机会和生存能力。新闻媒体不了解用户想看什么新闻，就会败给今日头条；出租车公司不了解用户的出行路线，就会败给滴滴；租房中介不了解用户想租住什么样的房子，就会败给自如；

民宿旅店如果不能提前了解用户的住宿需求，就会败给蚂蚁短租。

或者，假如我们反向思考的话，就会发现“末端决定论”对赢得未来商业的竞争是多么重要。一位出租车司机，如果不能够对商业末端的乘客的出行需求情况了如指掌，他就会失去乘客，甚至会丧失未来智慧商业时代的工作机会和能力；一家电影院，如果不能够对商业末端的观众观影需求情况了如指掌，仅依靠自己的臆断来安排电影的排片，那么这家电影院就会因为频繁错失观众喜爱的影片而影响收益。

衡量一个商业新物种是否有前途、是否能够实现爆发，以及是否能够在未来的智慧商业中占有一席之地，很大程度上取决于它能够在多大程度上掌握商业末端发生的情况，并据此做出即时准确的商业响应。

更为严重的是，商业末端不仅是“商业新物种”在智慧商业时代必须争夺的阵地，它们更关系着未来的国家商业主权，如果大量的商业末端被外资企业轻易掌控，那无异于将国家未来的商业命脉拱手让人，所以我们要牢牢地将“商业基础设施 2.0”抓在自己的手里，因为商业新物种无法脱离商业基础设施 2.0 而独立存在，尽管它们无比重视并意图掌控商业末端，但它们也只能依靠商业基础设施 2.0 来触摸和服务商业末端。

2. 新物种“服务导向论”

未来将不再有农业，也不再有工业，而只有一种产业——“服务业”。

商业基础设施 2.0 与传统商业基础设施一个非常显著的区别在于，传统商业基础设施之上的商业体是彼此割裂、各自为政的，所以它们有清晰的第一产业、第二产业和第三产业之分，而商业基础设施 2.0 之上的商业体是彼此融合、高度协同的，所有的商业体都将只属于一种产业，那就是——“服务业”。

未来的工业叫“工业 4.0”，当然在中国它叫“中国制造 2025”，在美国叫“工业互联网”，但在本书里我把其统称为“智能工厂”。

智能工厂是彻头彻尾的服务业，而不再是传统规模化制造、集约化生产，然后再往外批发的工厂，它不仅支持普通用户的个性化定制，更为很多其他的商业体预留“接口”，只要商业体在互联网远端下达一个生产指令，智能工厂就可以自动根据指令进行符合个性化需求的生产。也就是说，智能工厂的工业属性会降低，“服务”的属性会前所未有地增强。

未来的工厂如果没有针对海量用户和商业体的“服务能力”，仅仅是像现在一样简单提供标准化的产品搞批发，那么它们就必然会被未来的智慧商业边缘化，并最终被淘汰出整体智慧商业生态系统。

农业转型成为“服务业”的过程将会比工业缓慢得多，可能需要借助现代医学、养生学、生物基因工程和逆城镇化等来促成其“服务”属性的落地，中国的农业将会经历“分散种植→集约化种植→个性化生产”的发展转变。

一方面，规模化的种植无法满足物质丰腴时代人们“食不厌精、脍不厌细”的饮食需求、食疗需求和养生需求，很多城里人跑到山区买有机的蔬菜、小米、古法榨取的谷物油和菜园里生长的土鸡，因为大规模农业生产的粮食作物越来越让人“食之无味”，而这些个性化的需求现代集约化的农业根本无能为力。

另一方面，越来越多的人开始向往自然的田园生活，尤其是未来的智能商业时代，人们会彻底摆脱钢筋混凝土的束缚，有钱人会想着往城外走，走出“围城”进入广阔的生态优美的乡野享受生活。所以，未来的农业必须为这些希望返璞归真生活的人预留“接口”，也就是农业必须要具备为人们提供乡野生活“服务”的能力，让他们可以轻松穿梭于钢筋水泥和绿野仙踪的生活之间。

当然，作为第三产业的现代服务业更需要强化“服务”能力来适应未来商业。比如，餐饮业对接外卖平台就是强化服务能力的一种体现，传统零售业态变身新零售业态首当其冲的也是强化服务能力的一种体现，“互联网+政务”也是政府提升自身服务能力的一种体现。

我在这里举“农业和工业向服务业转型，服务业强化服务能力”的例子是想说明，面向未来的“商业新物种”，不管它是脱胎于现代农业、工业还是服务业，都必须具备与智慧商业相匹配的“服务能力”，准确地说是“针对商业末端的个性化服务能力”，将自身打造成为服务业中的“服务业”，才能释放出自身的商业爆发能力和拥有在未来智慧商业中的生存能力——这便是商业新物种的“服务导向论”。

3. 新物种“开放融合论”

近年商业新物种的一个经典失败案例是万达“飞凡”。

飞凡是一个 O2O 的商业新物种，主打智慧广场、智慧观影、智慧酒店、智慧招商和智慧医疗等智慧商业，为消费者和商家提供涵盖衣、食、住、行、娱、医、游、购和市政等服务，定位是一个“实体+互联网”的场景服务运营商。飞凡，作为万达决胜未来商业的战略性创业项目被寄予了厚望。

然而，飞凡本质上却是万达商业自己的一个“独立王国”，它提供的服务仅限于万达系商业实体的互联网智慧服务，接入的是低效率的万达传统商业基础设施（没有接入商业基础实施 2.0），这种“+互联网”商业模式本质上是一种“反用户”的设计，它相当于在用户的生活场景中单独打造了一个“万达场景”，所以它注定是一个封闭、低频使用和偏于独立的应用场景。

飞凡虽是一个新兴商业体，但它还不是商业新物种。飞凡这样的商业模式设计，比较适合作为小程序接入“微信”或“支付宝”平台，用户来到万达商城时“即插即用，用完即走”，所以，飞凡注定不是一个可以爆发的新物种，而只能是附着在商业基础设施 2.0 之上的普通商业体，万达对它的宏大愿望落空是必然的。

七荤八素地把万达系内的各种应用场景打包做成一个用户低频

使用的App和会员系统，尽管这样可以便于飞凡掌握商业末端发生的情况和强化自身的服务能力，但它却只能聚合万达系内的有限商业要素资源，高度依赖低效率的传统商业基础设施，这种封闭限制了飞凡自身商业生态的“新陈代谢”能力和商业爆发空间，它不是一个具有“商业向心力”和“末端爆发”潜质的开放、融合和即插即用的商业设施。

我们可以把“飞凡”和“盒马鲜生”做一个横向对比。不同于飞凡高度依赖传统商业基础设施的封闭和低效生态系统，盒马鲜生则是接入了支付宝网络支付、菜鸟智慧物流、阿里大数据、阿里云计算等商业基础设施2.0的一个开放融合的商业系统，所以盒马鲜生是一个即时商业响应的应用场景，也是一个人、货、场实现无缝匹配的应用场景。相比之下，飞凡则更像是一个“会员系统”(类似于高级一点的CRM系统)，万达整体的商业智慧化程度并未因飞凡的存在而有明显的提升。

飞凡是典型“互联网+”，盒马鲜生则是典型的“商业基础设施2.0+”，飞凡和盒马鲜生两者截然不同的商业宿命，生动地印证了本书所坚持的一个原则——中国未来的机会不是“互联网+”，也不是“工业4.0”，而是“商业基础设施2.0”。商业基础设施2.0带来的是即时商业响应和无缝供需对接，它赋予了新兴商业体以末端触摸、末端对接和末端爆发的能力，而“互联网+”仅仅是场景替代（未必有效率革命)，“工业4.0”则只是供给侧的单向智能化（无法实现供需无缝对接)。

“新物种”不是普通的商业体，它必须开放、融合才能被赋予商业上的爆发能力，开放是要接入更多的商业体来维持自身生态的“新陈代谢”，融合是要接入整体的智能化商业基础设施2.0获得末端触摸、末端对接和末端爆发的能力——这便是商业新物种的“开放融合论”。

三、连理嫁接：商业新物种是凭空而来的吗？

近年来，中国的互联网创业者们最喜欢的一个词往往是“颠覆”，他们寄希望于创造一个惊天动地的、商业世界从未有过的“商业新物种”，来颠覆或推翻传统商业，用颠覆来为自己赢得商业“爆发”的能力。

创业者有天马行空的想象虽然是好事情，但脚踏实地的商业建构才是决定商业新物种能否走远的关键，因为新物种从来就不是凭空而来的，本质上，它们只是普通物种嫁接了更高阶的商业基础设施而已。

假如没有支付宝、菜鸟物流、云计算这些商业基础设施，盒马鲜生还是“新零售”商业新物种吗？它不过就是一家普普通通的超市而已。假如没有云计算、移动智能终端等商业基础设施，滴滴、饿了么还是商业新物种吗？它们可能只是过去的电话呼叫中心罢了。

当贾跃亭豪情万丈地把第一辆FF互联网汽车推向新闻发布会舞台的时候，甚至连“为自己造车的智能工厂在哪里”“为用户提供的互联网汽车服务是什么”和“使用了什么样的自动驾驶技术”等这些底层的商业基础设施都还没有着落，它凭什么可以成为爆发的商业新物种呢？贾跃亭虽是如同马云一样卓越的商业创想家，但他不是一个合格的创业家，他的互联网商业创想领先于我们所处的时代，这让他举目四望却找不到可以支撑自身创想的商业基础设施，一切都需要他花费重金自己去重构，但把所有的东西都推倒重来那不就是商业乌托邦了吗？毫不客气地说，没有商业基础设施2.0的接入和支持，所谓的“商业新物种”不过是曼妙的海市蜃楼罢了。

中国总体的创业氛围中，从来就不缺乏“顶层设计”，缺的是脚踏实地。从这一点上来说，创业者要学习李书福，他说“汽车就是四个轮子加两个沙发”，这句话的潜台词是，现有的商业基础设施支持我们做什么就做什么，而不是异想天开做一些超越当前商业基础设施承载能力的事情。当然，也可以选择像马云一样自己来做智慧化的商业基础设施，比如菜鸟物流、支付宝、云计算平台等，但前提还是要先做出来，才能基于这些商业基础设施建构商业新物种，而不是先做盒马鲜生新物种，后做菜鸟物流基础设施。

假若可以天马行空的话，我还想做一台“时光机”呢，它肯定可以卖断货，哪怕只是卖给“愿用全部财富换青春”的马云，我也能即刻成为中国首富，只是不知道什么样的商业基础设施可以支持我造一台“时光机”。言归正传，商业新物种绝不是像“时光机”一样凭空而来的，它是怎么创造出来的呢？

1. 商业新物种溯源：物种进化

地球上几乎所有的物种都能够找到进化的蛛丝马迹，这其中也包括作为万物之灵的人类，经过数千万年时间的漫长“进化”，人类拥有了更发达的大脑，成为能够制造工具、进行语言沟通和逻辑思维的高等动物。

人类学家把人的进化分为几个明显的阶段，即南方古猿、能人、直立人和智人，不同阶段的人类进化出了不同的能力，南方古猿可以使用天然工具；能人则进化出制造简单工具的能力；直立人开始学会用石器、火和语言；智人开始人工取火、发明骨针缝制兽皮衣物和用长矛等来分工协作狩猎、捕鱼，拥有容量更大的大脑。最终，智人凭借较强的生存能力被自然选择生存了下来。

其实，商业物种同样存在着类似生物界的“进化”现象，很多我们眼前正在爆发的商业新物种，它们的前身也不过是普通物种，只是因为机缘巧合，或者接入了更高阶的商业基础设施而被赋予了更强大的能力，或者自身进化出了更强大的能力成为重要的商业基础设施，它们因此被商业社会自然选择成为爆发的商业新物种，普通物种和商业新物种之间的区别就如同“直立人”和“智人”的差距。总之，商业新物种是商业进化的产物，而不是“女娲娘娘”的巧夺天工。

我们以网络外卖这一商业新物种中的“饿了么”为例。

饿了么创始之初并不是网络外卖模式，而是黄页电话订餐。张旭豪和他的同学一起将交大闵行校区附近的餐馆信息搜罗齐备，印成了一本“饿了么”的外送广告小册子在校园内分发，然后在宿舍接听订餐电话，接到订单后，他们先到餐馆取快餐，再送给顾客。这就是饿了么最初的商业模式。

彼时，像饿了么一样的外卖创业并不新奇，就在张旭豪创业的同期，北京国贸、望京、中关村等白领聚集的CBD商业核心区内，就已经有很多利用QQ来做外卖业务的创业者了。

饿了么创业第二阶段是从“黄页电话订餐”进化成为“网页订餐平台”。2009年，张旭豪团队开发出了订餐网络平台“ele. me”，该网站订餐可按需求实现个性化功能，如顾客输入所在地址，平台便自动测算周边饭店的地理信息及外送范围，并给出饭店列表和可选菜单，这一模式中顾客和店家自动下单和接单，饿了么取消了“热线电话”订餐。

饿了么创业的第三阶段，也就是真正爆发是在2010年智能手机开始大规模普及之后，饿了么手机网页订餐平台以及App订餐平台上线。尤其是2014年，基于云端的智慧化物流、大数据云计算技术和便捷的网络支付的普及，让网络外卖进化成为可以进行即时商业响应的“商业新物种”，饿了么的外卖业务开始实现真正爆发。

饿了么虽从 2011 年就开始有大额融资介入，但彼时智慧化物流、云计算和网络支付等新的商业基础设施还没有成熟，所以它无法即时响应和匹配供需，直到 2014 年这些商业基础设施成熟之后，饿了么才真正作为“商业新物种”开始商业爆发之旅。它在这一年的主要业绩是：平台交易总订单量达到 1.1 亿，日订单峰值 200 万单，市场占比 60%；覆盖全国超过 250 个城市，20 万家餐厅及 2000 万用户；移动端交易额占比超过 75%，站稳中国最大在线外卖订餐平台的位置。

可见，饿了么晋升为商业新物种是一个十足的“丑小鸭变白天鹅”的商业故事。它并非天生就有“新物种”基因，甚至于它的出身就是一家土得掉渣的电话订餐公司，并没有什么互联网基因，但就是这样一家创业公司借着“商业基础设施 2.0”的东风在 2014 年爆发成为炙手可热的“商业新物种”，并在短短的三年之后成为一家独角兽互联网公司，也成为中国餐饮行业当仁不让的商业基础设施 2.0 企业。

这让我想起了凯文·凯利在他的经典著作《科技想要什么》的“大哉问”一节中讲到的一句话，“每一项发明都是承先启后的。没有传送电力的铜线，机器之间就无法沟通。不能采集铜或铀的矿脉、在河流上筑水坝或采集贵金属来制作太阳能面板，就无法产生电力。光有铁锤，没有锯子，就做不出把手；光有把手，没有铁锤，就无法打磨锯刃。”万物皆有来处，商业新物种也不是凭空产生的，它只是普通的商业物种在进化过程中“承先启后”的产物，没有智慧物流、网络支付、云计算，就不会有现在的新物种饿了么。

饿了么是幸运的，它赶上了一个中国各种商业基础设施2.0大爆发的时代，也同步完成了一个完美的物种进化过程，即经历了“普通物种→商业新物种→商业独角兽→商业基础设施2.0”的完整发展路径，这其中不乏天马行空的商业想象，更不乏脚踏实地的商业构建。

这个案例的另一个重要的启示在于，“商业基础设施2.0”是商业新物种的最高阶形式，每一个商业新物种都有成为商业基础设施2.0的可能。马云，一个绝顶聪明的商业思想家，他构建的阿里巴巴商业帝国不做“买卖”或“价值交换”，只为商业构建“连接”，但他创造或投资的商业新物种正在一个个地成长为中国的商业基础设施2.0企业。

互联网经济学是比传统经济学更接近商业本质的一门商管学科。在未来的智慧商业中，“连接”将会越来越精准无缝以至无处不在，“交换”则可能会越来越少直至消失不见，比方说，过去消费者购买一部智能手机整个商业链中可能发生了上千次、万次的“交换”，但未来用户享受智能手机服务整个商业链中最多只会发生一次“交换”。

2. 商业新物种养成：连理嫁接与智慧商业网络

与新的生物物种在自身生物体内进化出某种强大的能力不同，绝大多数商业新物种的进化采用了另外一种方式——“连理嫁接”其他商业基础设施 2.0，以此来获得更强大的商业竞争能力（末端对接、末端触摸和末端爆发）。

现实商业中，包括特斯拉、滴滴、饿了么、盒马鲜生、趣店、猫眼、今日头条等众多炙手可热的商业新物种的爆发能力，都高度依赖于“商业基础设施 2.0”的赋能，甚至可以这样认为，商业新物种与商业基础设施 2.0 之间发生了微妙的“生物反应”，使它们组合成为一个“有机生物体”在发挥作用，而一旦离开了商业基础设施 2.0，它们就会立刻瘫痪，人们把商业新物种与商业基础设施 2.0 之间的这种生物反应称为“连理嫁接”。

在生物界，人们很早就发明了“连理嫁接”的方法，让接穗与砧木的断面细胞会增生、愈合连接成为一个有机整体，从而给果树植株接入更发达的根系，实现更高的产量、更强大的生存能力以及抗病能力。但商业的“连理嫁接”现象则是在互联网数据产业兴起之后，是“数据”和“连接”一起让类似于生物嫁接的商业“连理嫁接”成为可能，在此之前的商业物种与传统商业基础设施之间的彼此嫁接更像是“机器假肢”，生物协同效应非常有限。

趣店与蚂蚁金服就是一个非常典型的商业基础设施 2.0“连理嫁接”的商业案例，它们作为一个统一的生物体发挥作用。

据在线科技媒体 Ping West2017 年 10 月的文章分析，支付宝完全掌握着趣店资产端（即借款人的债务）的数量和质量，趣店的用户获取、资金托管、风险控制几乎全部依靠支付宝。

趣店的招股书中披露，趣店大部分的用户流量来自蚂蚁金服旗下的支付宝。趣店称，其用户绝大部分，尤其是重复借贷用户都来自支付宝的用户界面。招股书显示：2016 年趣店将业务转向线上后，就一直在接受支付宝的渠道导流，且费用是零。正是有支付宝白送的流量，趣店才得以获得如此大的用户流量、活跃借款人和交易额，进而获得高额利润，撑起高达 69 亿美元的估值。

同时，用户在趣店的借款需要支付宝和芝麻信用授权，借款人借款和还款的资金来往都在个人的支付宝账户和趣店支付宝账户之间进行，趣店的催收团队还需要将 20 天以上的用户逾期行为汇报给蚂蚁金服。而且这种开放是单向的——趣店需要向蚂蚁金服开放数据，相反，趣店只会得到支付宝提供的一个风险评估结果。PingWest 披露的一个关键细节是，趣店在经历从趣分期的关键业务转型后，其借贷门槛只有一个，就是支付宝的芝麻信用——起初是必须超过 620，后来适当放宽，600 甚至 600 以下的借款人也有可能获得贷款。

类似于趣店和蚂蚁金服的“连理嫁接”是构建未来智慧商业网络的关键所在。整体社会商业生态将基于无数个这样的“连理嫁接”，组成一个统一的生物体来精确而高效地运转，在我通过连理嫁接为别的商业体赋能的同时，还有其他的商业体也在连理嫁接为我赋能。而且，不仅仅是商业体与商业基础设施 2.0 之间如此，甚至于商业体彼此之间也都有“连理嫁接”的属性和接口，商业世界会因此成为一个无法分割的智慧化生物体，让商业世界像我们的神经网络一样工作，谁也离不开谁。

所以，商业新物种的养成和爆发，很大程度上取决于自身接入总体智慧化商业生态的能力和效率，这意味着商业新物种的所有有价值的“创新”和“进化”都必然需要沿着连理嫁接这样一条路径进行。

3. 商业新物种爆发：最佳商业范式与被误读的 BAT 收割

中国爆发的商业新物种正在加速成为影响广泛的“独角兽”企业，以至 2018 年年初中国证监会特别为包括生物科技、云计算、人工智能和高端制造等新兴行业的独角兽企业 IPO 开绿灯——即报即审，新华社更发文称“中国资本市场的‘BATJ’梦该圆了！”。

但统计显示，有一半的商业独角兽已经被 BAT 收割了，IT 桔子统计的《2017 年度中国互联网「独角兽俱乐部」榜单》，124 家公司估值超过 10 亿美元，而在全部的 124 家独角兽中，有 50.8% 的公司与 BAT 有直接或间接的股权关系，估值超过 50 亿美元的 23 家独角兽中更有 21 家和 BAT 挂钩，占比超过 90%。

那么，商业新物种大爆发的最终归宿为什么会是 BAT？这种商业嬗变背后又暗藏了怎样的商业新物种爆发逻辑？BAT 三家独大对中国商业运行究竟是利还是弊？

在我看来，当前商业新物种、独角兽纷纷与BAT的结合，在某种程度上恰恰体现了当下中国商业的最佳范式——BAT掌握的大数据、云计算、人工智能、智慧物流、网络购物、生活服务、网络支付、互联网信用等众多商业基础设施2.0，与时下层出不穷的商业新物种、独角兽的连理嫁接，正是这些新物种、独角兽得以实现商业爆发的原动力，它们共同带来了中国商业的即时响应和无缝供需对接的效率革命。

古往今来，中国人对最佳商业范式的探索从未停止，很多大商家、企业家像发现了新大陆一样对可能的“最佳商业范式”进行豪赌，而且长期以来，中国企业家最为推崇的最佳商业范式都不约而同地指向了产业和金融的结合，也就是“产融结合”模式。比如，从并购狂人宁高宁，到吴晓波笔下的中国商业风云人物唐万新、牟其中、戴国芳、顾雏军、赵新先等无一不是豪赌“产融结合”的典型代表，不仅现代如此，甚至于就连清代一代晋商典范乔致庸的商业追求也是“货通天下、汇通天下”的商业范式。

但是，“产融结合”是最佳的商业范式吗？产业和金融的结合真的能够带来商业效率的革命吗？这是一个值得深入思考的问题，但这本书无意探讨这个话题，我们只要知道一个事实即可，那就是“产融结合”商业范式，相比当前“互联网数据和连接结合”的商业范式对商业效率带来的革命性变化而言，简直就是“小巫见大巫”。

“BAT（商业基础设施2.0）+商业新物种（独角兽）”这一商

业范式的优势在于：借由“大数据、云计算、人工智能等数据产业”的深度催化，BAT 这些掌控了商业基础设施 2.0 的企业，具有传统商业基础设施无可比拟的“商业效率”优势；而商业新物种则凭借自身即时、快捷、广泛的网络连接能力，拥有着远超过传统商业体的商业连接粘性。

同时，BAT 商业基础设施 2.0 有着强烈的“连接饥渴”，它们希望拥有更多的连接来充实和完善数据，新物种则有着强烈的“效率饥渴”，它们希望通过 BAT 的数据产业来优化和沉淀连接，两相结合各取所需、取长补短（并且两者结合还可以更好地进行商业变现），商业新物种便得以快速爆发了。

简言之，BAT 具有效率优势，新物种具有连接粘性，两者的结合天然就是商业的最佳范式，新物种和 BAT 商业基础设施 2.0 就如同一种阴阳和合的关系，彼此相互需要，谁也离不开谁，它们合则两利，分则两伤，所以并不是 BAT 一定想要收割谁，而是你情我愿，新物种对更优质的商业基础设施趋之若鹜，加速拥抱 BAT 掌控的智慧化商业基础设施。

“BAT+新物种”这一最佳商业范式的启示在于，商业基础设施 2.0 和新物种的“连理嫁接”是一切商业新物种爆发的前提。新物种绝非独立生长或凭空而来，它们就像果树嫁接一样，本身没有发达根系，无法触及深层土壤吸收更多的营养，所以需要嫁接到其他的果树植株上来高效地吸收营养和水分，很多“商业新物种”就这样诞生并茁壮成长起来了，中国整体的商业生态也蓬勃发展起来了。值得指出的是，BAT 应该要更加开放，找到除资本投资之外的更多合作可能性，让商业基础设施 2.0 真正成为“即插即用”的商业基础设施，谁都可以在其上方便地将自己的创新进行连接嫁接和新物种生长。

四、优势锁定：商业新物种竞争升维与场景革命

在《商业向心力（理论版）》这本书中，首次提出了商业向心力企业的“消费锁定”现象——具有商业向心力的企业，就像消费市场中一个拥有巨大引力的“黑洞”，能轻而易举地将消费者的“货币选票”收入囊中，商业向心力甚至比西游记中的“宝葫芦”还要厉害，它叫你一声不管你答应不答应，你通常都会成为它的囊中物。

作为具有商业向心力特征的一种智能商业体，“商业新物种”对普通用户而言也有着类似的“消费锁定”现象。相比于传统商业体，基于商业基础设施 2.0 之上建构的商业新物种普遍具有着金钱成本、时间成本、舒适体验和专业迭代等方面的绝对优势，这让我们很难逃离被这些商业新物种捕获的命运，我把商业新物种的这一

商业能力称为“优势锁定”。

现实商业中，我们看到过太多所谓商业新物种的“昙花一现”，它们或者是因为某一个明星IP的带动火爆了一时，或者是因为与时尚流行的偶合风靡了一季，又或者是因为妙手偶得的头部内容盛行了一年半载……几乎每年都有很多这样的伪“商业新物种”遭遇泡沫破裂，而这也让互联网经济被很多人诟病是一种泡沫经济。

个中原因，无非是它们没有与商业基础设施2.0连理嫁接产生“优势锁定”的能力。或者可以这样概括地说，如果一个商业新物种对普通用户不具有“优势锁定”的能力，那么它就不会具有持续在商业末端爆发的空间。

1. 竞争升维：商业末端中被浪费的成本无限接近于零

在认识商业新物种的“优势锁定”之前，我们首先要重新理解“商业成本”。

无论是作为用户，还是作为消费者，我们每一次商业连接的完成都会伴随“商业成本”的发生。智慧商业时代，需要纳入考量的用户或消费者需要付出的成本通常包含四部分：一是购买产品或使用服务的成本，也就是真正体现了产品或服务价值的部分，这通常是我们显而易见的，比如一部智能手机的商业价值是2000元，那么我们就需要至少花费2000元来购买它；二是交易的成本（主要是时间成本），这通常是隐性的，包括购买产品或服务时付出的额外的时间成本、金钱成本和机会成本，比如在不同的消费场景下购买手机时付出的时间成本（不同消费场景下决策所需的时间、完成消费所需的时间、是否需要物流及物流效率等）、金钱成本（额外的广告成本、中间商差价，可能让这部手机的购买成本上升数百元）等都会有显著不同；三是产品体验、服务保障等方面的附加成本，比如智能手机产品赋能带来的个人效率提高以及由此产生的时间和金钱等的节省，这些通常也是隐性的成本，在商业基础设施2.0大规模普及之前，消费者或用户往往不会把这些成本纳入总体的“商业成本”考量之内；四是奖励成本，新兴商业体是“用户思维”的商业体，购买往往只是服务的开始（而不是像传统商业体一样购买就意味着结束），也就是它们的服务往往都具有长期性，这些商业体往往具有在专业方面迭代升级的特点，产品的每一次升级，性能的每一次提升都意味着用户获得了额外的体验奖励，这也是一种非常隐晦的成本。

“产品（或服务）成本、交易成本、体验成本和奖励成本”这四者中有一个非常重要的商业成本理念，那就是四者中蕴含的“时间成本”因素，这是互联网经济和智慧商业（也包括商业新物种）的一大竞争核心。传统经济学的商业模型中，所谓的成本概念都是狭义的“金钱成本”，即我为购买产品或服务付出了多少钱。但2016年年底，罗振宇在其跨年演讲中首次提出了“国民总时间（GDT）”的概念，他指出“时间是新的战场，也是新的货币，时间会成为商业的终极战场”，并提出国民总时间的三大命题，即“每个消费升级的行业都在争夺时间；消费者不仅仅是在花钱，他们的每一次消费都是在支付时间；商机从空间转向时间”。我在《商业向心力（理论版）》第一章中引述了罗振宇的这一观点，并以滴滴出行为例指出了商业向心力企业具有的“时间成本优势”，让新经济战胜传统经济并在公平市场竞争中胜出。

所以，在智慧商业时代，衡量“商业成本”的因素已经发生了显著的位移，从过去单纯的金钱成本因素升级为“金钱成本+时间成本+舒适度成本（体验成本指标）+奖励成本”的四位一体，这意味着基于价格主导传统商业的逻辑正在成为历史，建立在全新的“产品（或服务）成本+交易成本+体验成本+奖励成本”这一商业成本逻辑之上的新兴商业体的优势凸显出来，所以滴滴战胜了传统出租车公司，支付宝、微信支付打败了传统银行，社交新媒体、信息推荐引擎等淘汰了报纸，发力线上的链家、自如、蚂蚁短租等正在取代传统的房屋中介。

过去，商业竞争的最佳手段就是“价格”，市场中充当“价格屠夫”角色的商业体往往主导一切。但现在，“价格屠夫”优势地位已经被显著削弱甚至无足轻重，它的市场地位已经让位给了“时间屠夫”，也就是谁更便捷、谁能替我节省时间，我就用谁的产品或服务，而智慧网络让数据跑路的特点，大大节省了时间，它天生就是“时间屠夫”。所以，我们看到，相比出租车公司，滴滴出行就是“时间屠夫”，它显著降低了人们打车的时间成本；相比传统银行，支付宝、微信支付就是“时间屠夫”，它显著降低了人们交易的时间成本，人们结算、存款等不用再来往于传统银行。

更甚者，借由商业基础设施2.0的赋能，商业新物种往往既是“价格屠夫”，也是“时间屠夫”，当然还往往是良好用户体验和不断专业迭代的“体验主宰”，而这些商业优势的集合牢牢地锁定了广大的消费者和用户，让他们对商业新物种趋之若鹜、欲罢不能——相比传统商业体，商业新物种具有的显著的“从价格、时间到体验方面的优势”，有助于它们准确地、牢牢地锁定用户需求，这便是商业新物种的“优势锁定”。

商业新物种“优势锁定”的本质在于，商业末端被浪费或额外付出的包括金钱、时间、体验等和用户息息相关的成本都正在沿着一条下降曲线而无限趋近于零（决定这一曲线的纵轴是商业末端也就是用户端被浪费的额外成本，横轴是现实商业的智慧化程度，智慧化程度越高，用户需要额外付出的成本越低，直至消失）。也就是，未来的商业新物种在商业末端将会极少甚至没有交易成本的浪费，对于所有商业体而言，这都将是一次前无古人的“竞争升维”。

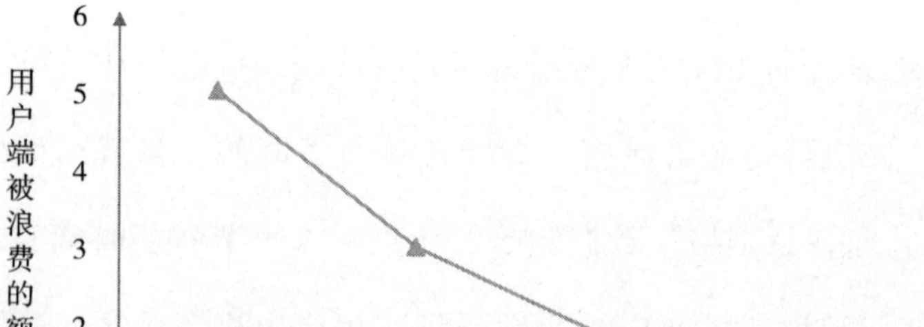

举一个简单的例子，传统商业中，出租车行业的供给和需求是严重错位的，这造成了出行供需环节被浪费的各种交易成本非常之高（如出租车空载、乘客长时间打不到车）。但以滴滴为代表的智慧化商业体中，出行供给和需求得到了精准对接甚至无缝匹配，这带来的结果是供需环境被浪费的交易成本越来越低（包括金钱、时间和舒适度），被浪费的成本正在无限接近于零。如果把这种成本浪费现象打一个形象的比方，就如同两个电源之间，原来是用“电阻”衔接，现在是用“铜线”衔接，未来可能会引用“超导材料”衔接实现零电损。

2. 优势锁定：用户被商业新物种提前锁定

传统商业中，商业体通过价格、品牌和渠道的组合来锁定消费者，但新兴商业体则采用截然不同的规则，通过“数据”和“连接”的组合来锁定用户，具体地说是通过数据和连接建构的从价格、时间到体验方面的整体优势来锁定用户。

前者的锁定具有很大的随机性和不确定性，因为传统商业体无法预测人们的消费行为以及未来需求；而后者的锁定则具有很强的精准性（基于大数据的精准预测和云计算的精确匹配）和确定性（基于新兴商业的个性化、智能化生产），借由数据产业和广泛连接的作用，新兴商业体仿若掌握了火眼金睛和预知未来的能力。

简言之，传统商业是以“品牌”为中心的用户锁定，商业新物种则是以“技术”为中心的用户锁定。所以，现在市场中的很多传统品牌已经不灵了，大批量的传统品牌正在经历或者即将经历一波“品牌大灭绝”，新兴的此前你从未听过名字的技术物种抢占了市场的品牌阵地。

其实，在我出版的首部公关进阶教程《无公关，不品牌》和企业公关行动指南《金牌公关人》这两本书中，都是基于当前的“品牌大灭绝”现象及其可能带来的影响出发，呼吁公关行业以全新的公关思维和公关思想来审视和更好利用新媒体、新传播技术和新的社交化人群的商业价值，但这仍然不足以面对当下以互联网技术为特征的现代商业竞争，因为决定市场竞争的因素已经从“品牌时代”快速地向“技术时代”过渡，正是出于这样的考虑，我又陆续写了《商业向心力》和《末端爆发》这两本书，从现代商业竞争的本质着手给出赢得当前市场竞争的可行性方案。

“商业越发达，公关越重要。”（语出《无公关，不品牌》一书）从《无公关，不品牌》《金牌公关人》《商业向心力（理论版）》到《末端爆发（商业向心力实践版）》，是我个人从事公关行业将近十年的长期实践和深入观察的成果，这四本书本质上是一套环环相扣的“公关系列图书”，当然未来不排除还有更多新书加入这套公关图书阵容中来。在这里插入这席话，不仅是想说明公关是我写作这四本书的初心，更是想表达我的一个奢望，就是希望未来公关行业能够在中国商业进程中扮演更重要的智库角色，能够真正成为影响未来商业发展的一个智库行业，而不仅仅停留在简单的传播层面。

言归正传，商业新物种的“优势锁定”现象已经深入我们生活的方方面面，并带来了商业场景的诸多革命性变化：当我们被支付宝、微信支付“优势锁定”之后，我们开始加速进入“无现金社会”；当我们被猫眼电影优势锁定之后，我们开始拒绝花费额外的时间去排队抢票；当我们被“滴滴出行”优势锁定之后，我们就再也离不开这款让出行更高效的商业应用了。

被商业新物种“优势锁定”是一件幸福的事情，它带给我们的是实实在在的生活便利和舒适体验，所以我们每一个人都乐于弃旧从新，都乐于积极融入新的商业场景来获得这种幸福感，而我们每一个人的积极融入也正是商业新物种在末端爆发的一种商业推动力。一旦当我们不得不回归到原始的商业场景当中时，就会浑身上下感觉到一种厌恶和不适感，中国的商业教父级人物柳传志，就曾吐槽在美国工作生活的诸多不便，因为美国人没有微信只有推特，建个工作群沟通都无法实现，而且网络支付基础设施也不发达，需要随身带足了零钱，这些不适感让他不由得感慨在美国“这日子可怎么过啊”。

3. 场景革命：智慧化场景引领商业爆发

商业新物种“优势锁定”的主要表现形式，就是时下正在发生的商业场景革命，传统的商业场景纷纷退出人们的视线，被新的智慧化商业场景所替代。

这其中，我们需要牢记的一个商业逻辑是：并不是新的商业场景决定了新兴商业的爆发，而是“优势锁定”左右了新的商业场景能否爆发。

这意味着盲目追逐新的商业场景可能是一种商业误区，比如当前大量企业纷纷发力“共享单车”，重金投资“大数据、云存储”市场，竞相追逐“现金贷”风口……试问这些豪赌新的商业场景的初创公司，它们真的具有“优势锁定”的商业能力吗？如果没有“优势锁定”的能力，那岂不是人为地在制造经济泡沫和毫无顾忌地裸泳？可以确信的是，商业已经在以自己凶狠的方式来惩罚这些跟风者，让它们惨淡地从新的商业场景中出局。

在很大程度上，是商业的智慧化程度和商业基础设施 2.0 的连理嫁接能力，决定了商业新物种的“优势锁定”能力和爆发空间，所以企业应该奋力追逐的是如何提升商业总体的智慧化程度，而不是使用低水平的商业设施去拼命抢位新的商业场景，在高铁狂奔的年代还玩小马拉车的把戏，这也正是马化腾看好摩拜不看好 ofo，直言 ofo 是“智能化时代的非智能机”的真正原因。

在以商业基础设施 2.0 为特征的智慧商业时代，企业置“优势锁定”能力于不顾，砸下重金去追逐在“新的商业场景”中的市场份额，这本身就是一种舍本逐末的浅视行为。

五、社交红利：非对称优势与商业新物种“传染”

这一节将从知乎网友的一问开始——“不明白为什么所有阿里巴巴旗下的App总想将其变成社交软件?”这是一个价值百万的新兴商业之问，我相信若干年后，很多商业大佬在回望这个问题的时候都会心里一震。

从传统的争夺品牌红利，到当下的竞逐技术红利，以商业新物种为代表的新兴商业正在重新定义“竞争”的规则，而假若我们更深入地洞察商业新物种的竞争嬗变的话，还会惊叹于本书开篇提到的另一个重要竞争因素，那就是商业新物种坐拥的智慧商业“社交红利”。

有竞争的地方就离不开对用户的争夺，商业新物种除了通过“优势锁定”来争夺用户之外，还掌握着一种“社交传染”的能力，让商业新物种的“价格、时间和体验优势”通过社交关系来“一传十、十传百”地进行IP化和涟漪式扩散，商业新物种自身强烈的社交属性和整体智慧商业中发达的社交网络，都起到了加剧商业新物种社交传染的作用。

在新兴商业的“连接大爆炸、连接大创造、连接大发现和连接大收割”过程中，商业新物种作为一种重要的超级商业 IP，始终是最强大的连接收割者，只不过它们收割连接的方式，并不局限于基于社交涟漪大数据发现的“精准投石”，而更多地表现在基于优势锁定的用户主动的“社交传染”。

1. 新物种是“社交属性+专业优势”的结合体

世界上最恐怖的疾病不是癌症，而是各种传染病。肆虐的黑死病就曾让中世纪的欧洲人口减少了 2500 万，占当时欧洲总人口的 1/3，欧洲不少城镇因此彻底消失，这场被认为是鼠疫的传染更是整整流行了三个世纪，差一点毁灭了欧洲。

当然，这里要讨论的不是令人生畏的疾病传染，而是波澜壮阔的商业新物种的“社交传染”。社交连接作为最重要的商业连接之一，可以说是智慧商业时代“基础设施中的基础设施”，也正是它按下了现代智慧商业的启动键，让智慧商业自 2010 年开始狂飙突进至今，即便我们从微观上来讲，在很大程度上也都是社交传染带来了新兴商业的末端爆发。

以史为鉴。

2010 年，社交应用“微博”横扫中国 PC 互联网，“社交网络”因此成为中国互联网竞相追逐的最大风口，四大门户网站像发了疯一样重推微博社交产品，而智能手机的快速普及更是将社交网络的争夺推向了高潮。

社交网络爆发的 2010 年，正是中国智慧商业开始萌芽的一个标志性年份。此后的 2011 年，微信、陌陌等移动端的社交应用相继走红，各种与社交不沾边的移动互联网应用也可以加入社交属性，最典型的特征就是它们都会“读取你的手机联系人”，直到今天，读取手机联系人依然是很多层出不穷新兴手机应用的标配。

可以说，从 2010 年到 2018 年间，八成以上的新经济红利都要归因于“社交红利”，其次才是大数据、云计算、人工智能等的“数据技术红利”，如果没有发达的社交网络，现在 80% 以上的新物种、独角兽都不会发生和存在。

这一波新经济爆发的最大特点就是社交网络被广泛连接起来了，可以理解为首先是社交网络按下了商业爆发的启动键；其次才是数据技术让人的连接更高效了；最后数据技术按下了商业爆发的加速键。

社交传染，简单理解就是“好产品会说话”的升级版——“好产品会社交”，商业新物种因为自身具有的时间成本优势和体验优势，天然地自带社交粘性，到哪儿都有好人缘，一旦它们被赋予了强大的社交属性，它们就会自动启动“社交传染”程序，如果再加以人工的社交传染干预的话（仔细观察就会发现，现在的商业体无论大小，即便是仅有一个人的商业体，也都已经具有非常强烈的社交传播意识了，正应了微信开机画面中的那句话“再小的个体也有品牌”），它们就会表现为在商业末端的爆发。

所以，我们会看到这个时代最火爆的商业新物种往往是“社交属性+专业优势”的结合体，社交传染对商业新物种是如此的重要，以至阿里巴巴拼命地要做社交应用“来往”和“支付宝圈子”，做不好就砸下重金也要收购微博等充实自身的社交基因，也难怪有人在知乎上问“不明白为什么所有阿里巴巴旗下的App总想将其变成社交软件”，因为我相信马云比谁都清楚智慧商业时代社交传染是商业爆发的前提。

有关新兴商业体和商业新物种“专业优势”的内容，请参见《商业向心力（理论版）》的第一章“正在发生的剧变：商业向心力重新定义现代竞争”一文，这里不再赘述。

2. 新物种的“非对称优势”决定社交传染和爆发

是什么决定了罗振宇的微博粉丝比你多？凭什么你是罗振宇的微博粉丝，而罗振宇不是你的微博粉丝？难道真的只是因为罗振宇比你更有名气吗？

这个很看似简单的问题，其实暗藏了商业新物种“社交传染”的玄机，为了解释这个问题，我又要发明一个新词汇了——“社交差”。（在《无公关，不品牌》《金牌公关人》《商业向心力》和《末端爆发》这四本书里，我发明创造了很多新词汇，之所以这么做是为了更好地进行解释和便于读者理解的需要。）

每一个人面对另一个人的时候，都会存在一个“社交差”的问题，也就是谁更有社交优势，中国传统上习惯把这种社交差叫作“尊卑”。假如古时候皇帝有微博的话，他的微博粉丝一定比我们都要多，但现在社交差已经不仅仅局限于尊卑了，包括个人气质、职业职阶、思想见识甚至财富等很多因素都与社交差息息相关，但这其中最重要的社交差是“专业”，谁更专业谁就拥有社交优势，它取代了古时候的“尊卑”，成为现在文明社会最大的“社交差”因子。

比如，刘翔跑步跨栏无人能及，所以他微博粉丝就很多；孙杨游泳天下无敌，所以他的粉丝也不少。这年头就连一条宠物狗如果卖萌水平笑傲同侪，它也能拥有百万粉丝，俊介君一周微博圈粉40万，我也自愧不如。

基于“专业”的社交优势不是绝对的，而是相对的，或者说是非对称性的，别人在某方面比我专业，我就会成为他的粉丝，而我在某方面比别人专业，别人也会成为我的粉丝，现实情况是我们不可能在所有方面都比别人专业。所以，社交赢家的法则就是如何让自己在某一方面比别人更专业，简单地说就是制造“非对称的社交优势”。

相比于“专业优势”，第二个能够提升“社交差”的因素恰恰是“粉丝数量优势（也就是个人名气）”，粉丝数量越多的人会拥有更大的社交优势，他们的粉丝会因为粉丝数量带来的社交差而越来越多，这种良性循环就是典型的社交传染现象。

与我们人的社交网络原理一样，“社交差”也是商业新物种实现“社交传染”的根本逻辑，商业新物种要找到自身非对称的社交优势，来吸引更多的人成为自己的粉丝，然后让粉丝带来更多的粉丝。这就要求一方面新物种必须具有专业层面的迭代升级属性，来不断提升自身的社交优势；另一方面要善于利用公关手段为自己制造“社交差”。

总结一下就是，非对称优势导致了“社交差”，社交差带来了“社交红利”，社交红利会加剧“社交传染”，而社交传染促进了新物种的商业生态繁荣……这是一个让商业新物种爆发的正向循环，社交加速了新物种的涌现和成长。

六、商业链爆炸：从商业新物种到独角兽

微信是什么？

如果在微信诞生之初，我们还能够很轻易地定义它是一个“即时通信工具”新物种，但是现在已经没有任何人可以给微信一个准确的商业定义，尤其在微信小程序、微信公众平台、微信钱包、微信支付、微粒贷、微信身份证等众多产品上线之后，微信已经是一个可以为医疗、酒店、零售、百货、餐饮、票务、快递、高校、电商、民生等数十个行业提供标准解决方案的商业平台，它构建了一个庞大的互联网商业生态帝国。

支付宝是什么？

如果在2003年诞生后的至少七年时间里，我们还可以说支付宝是一个“担保支付工具”新物种，但是现在已经没有任何人可以给支付宝母公司蚂蚁金服的商业边界做一个准确的框定了，从支付宝延伸出来的余额宝、招财宝、蚂蚁聚宝、网商银行、蚂蚁花呗、芝麻信用、蚂蚁金融云、蚂蚁达客等业务已经远远超越了现代金融的已知边界，甚至可以说支付宝的爆发已经重新定义了“金融”。

假如我们沿着这个问题一直问下去的话，十年之后，今日头条会是什么？滴滴会是什么？菜鸟物流会是什么？新美大会是什么？京东会是什么？盒马鲜生会是什么？斗鱼TV会是什么？脉脉会是什么？……我相信届时可能同样找不到一个准确的词来框定这些曾经或现在的商业新物种。

这就是本章最后一节所要揭示的内容，也是创新之国最令人神往的瑰丽未来——“商业链爆炸”。末端爆发的商业新物种创造，带来的不仅是彼此勾连、协同高效的新物种生态王国，更是新兴商业的一连串“连锁反应”，新物种沿着一条无法预知的隐秘商业链不断向着更广袤的商业纵深进行引爆，摧枯拉朽地变革甚至颠覆着商业旧世界里一切低效率的传统商业关系，并用一种崭新的基于连接和数据的商业逻辑，在旧商业世界之上构建起新的商业连接关系和新的商业语境覆盖，即“新物种的商业链爆炸”。

1. 打通商业链：基于连接和数据的商业反噬

20年前，没有一家外贸商预想到自己会通过阿里巴巴把生意做到全球；15年前，几大国有银行无一会预想到支付宝会动摇自己的地位；5年前，没有一家连锁超市会预想到菜鸟物流会成为自己最大的威胁。

在过去相当长的时间里，传统商业巨头一直把持着现代商业的主动权，互联网更像是一种可有可无的补充。在传统商业大佬眼里，“传统商业是主角，互联网商业是配角”似乎是新兴商业的宿命，即便是互联网经济蓬勃发展的2012年，中国首富万达集团董事长王健林也依然对阿里巴巴少得可怜的中国零售市场份额嗤之以鼻，更就此用1亿元与马云对赌。

但事实证明，传统商业大佬大大低估了新兴互联网商业的反噬能力，一个个商业新物种从星星之火的萌芽中开启了一段波澜壮阔的商业反噬之旅，尤其自2016年开始，新兴的智慧商业已经拿到了经济发展的主动权，以“新零售、新金融、新制造”等为切入口开始对传统商业进行大刀阔斧的商业改造。

新兴商业进行商业反噬的逻辑并不复杂，就是互联网的连接和数据把“商业链”打通了，商业从此不再有孤岛，供给和需求的巨大裂缝被互联网的连接和数据高效弥合，产业链各环节通过互联网连接和数据得以高效对接，资金流、信息流、人流、物流、商品流都被互联网的连接和数据打通快速流动起来，各种层出不穷的新兴商业体在互联网连接和数据作用下彼此高效协同、严丝合缝、精准运行……“商业链打通”带来的商业剧变就像是一个踉踉跄跄、毫无章法的中甲三流足球队被调教成了一个从打法到配合都行云流水的欧冠足球队一般。

“广泛连接”和“数据催化”这一新兴商业的两大底层逻辑，让智慧商业从 2010 年社交网络的一小朵曼妙浪花起步，逐渐连接和催化出一座座骇人波涛，这些波涛积聚的磅礴之力正在引发现实世界强烈的商业海啸，它们疯狂地向上吞噬旧有的商业大陆，从生活到旅行，从教育到娱乐，从金融到地产，从工业到农业……几乎所有的行业都在被这一场商业海啸洗牌和重构。

新兴商业眼巴巴地盯着传统商业的低效率而进步心切——为了交一次水电燃气费而翘半天班，工作日为了吃顿热乎饭要走半小时的路，下班为了打个出租车在繁忙的路口等俩钟头，凡此种种真是受够了……新兴商业体看着这样的商业旧世界心急如焚，就像是望子成龙的家长看着不争气的孩子一样，所以它们最好的办法就是把割裂的商业链打通、打通、再打通，对传统商业反噬、反噬、再反噬。

正因如此，支付宝打通资金流，向上反噬不可一世的银行业；微信打通人流，向上反噬电信、城市服务等生活服务业；菜鸟网络打通物流、商品流，向上反噬传统零售业；今日头条打通信息流，向上反噬传统新闻媒体业、影音娱乐业。

商业链爆炸反映了“商业新物种”继末端掌控、连理嫁接、优势锁定、社交传染之外的第五种能力，那便是“商业主动”。它们反客为主地以新的商业逻辑构建新的商业生态，就像从奴隶翻身变成了主人一样，挺直腰杆建设一个真正属于他们的商业新世界，如果打一个形象的比喻的话，可以说它们已经不再是中国高速疾驰的商业列车中可有可无的副驾驶了，而是手握方向盘的老司机。这是一个真正属于商业新物种的时代，如果哪个商业新物种的创业者在传统商业面前还表现得唯唯诺诺、马首是瞻，那他总有一天会在这场商业大变局中被提早淘汰。

2. 商业链爆炸：从新物种到独角兽

但商业新物种的“商业主动”并不等于狂躁和冒进地开始，它们要么始于普通物种的微创新，要么是像雏鸟一样非常简单的新生命萌芽，而鲜有什么惊天动地的大手笔。

今天的中国互联网圈太浮躁了，大批的创业者像打了鸡血一样，总想着“All in”地干一件惊天动地的大事情，动辄都是几十亿上百亿的圈钱、圈人、圈资源去豪赌一个万人瞩目的所谓“商业新物种创想”，他们已经脱离了互联网的技术驱动轨道，甚至也放弃了传统商业的金融驱动逻辑，进入了一种形而上的“梦想驱动”模式，就连各路媒体也天然地对商业新物种的诞生有着一种开天辟地的期待。

究竟什么才是一个“商业新物种”呱呱坠地时应该有的样子？

自然界从来就没有什么惊天动地的新物种创造，而是始终遵循“一生二、二生三、三生万物”的朴素逻辑。商业新物种的创造应该是基于一个非常简单的开始，就像作为担保支付工具的支付宝，是很简单的几行代码，也像刚刚起步能发语音的微信，一开始并不十分复杂，它们都只是解决了一个非常简单却极大提升商业响应能力和连接效率的现实问题，这赋予了它们引爆商业链的能力。

也就是说，商业新物种要首先解决“1”的问题，才能再去解决“10”、“100”、“1000”的问题，而不是反其道而行之。

正是类似于支付宝、微信这样一些非常简单的商业新物种，才可能具备向更广袤的商业纵深不断引爆“商业链”的能力，让自身获得超常规的爆发空间，最终通过这种商业链爆炸成长为一家独角兽公司，而那些一开始就是庞然大物的所谓商业新物种则很难引爆商业链，我还从未见过哪家生下来就堪称是独角兽的所谓“商业新物种”有一个美丽的结局。

所以，一个商业新物种的诞生，往往都是基于新兴商业世界中一些很细微的“微创新”，就像微信、支付宝一样对某一个细小的商业连接做出了革命性的改变。它们改造和提升传统商业效率的能力，在于其微创新带来的“内在基因”的强大，而不在于“表面形体”的壮硕，事实上商业新物种的诞生往往没有那么惊心动魄，反而是悄无声息的，而只有在其向上引爆商业链、进行商业反噬的爆发时才会惊天动地。

在《商业向心力》一书中，我还提到过“商业向心力模式是一个‘低起点介入→不断迭代升级→更多要素资源引入→几何级增长→制造黑洞效应’的过程，不需要企业一开始就投入或引进很多的要素资源”。商业新物种作为一种基于商业向心力模式构建的新兴商业体，它理所当然的也要崇尚低起点介入，着眼于解决商业中某一具体的低效率环节和问题。

商业就是沿着一个被证明有效的小连接不断向更广泛的领域引爆的链条——当远古人类发现可以用兽皮来交换织物时，这个简单的“连接”就会引爆更大的商业链，人们又用织物去置换狩猎工具，用狩猎工具来换谷物，这样的“连接”一直可以延伸到其他包括食盐、瓦器、牲畜、贝壳、珍珠、宝石甚至房屋等范围，而引爆商业链的那个最初的“连接”一定是像兽皮换织物一样非常简单却极大提升生活效率的微创新。

在这条被引爆的“商业链”上，那个最初的“小连接”始终发挥着不可替代的作用，它始终是新兴商业体最本质的商业逻辑，就像基因一样深深地影响着整体商业生态的运行，我们可以不断迭代和优化它，但不可能完全抛弃它。沿着这条“小连接”，商业新物种会不断地向上整合商业链，驯化或反噬更多的传统的低效率商业生态，所以一个小小的支付宝反噬了庞大的银行业，覆盖了更长、更宽的商业链，成长为不可一世的商业独角兽。

未来的智慧商业之所以可以让即时商业响应和无缝供需对接成为现实，原因也在于这种即便是很微小的连接优化也都可以借由互联网的广泛连接快速地向整体商业生态进行引爆，从而带来整个智慧商业世界更多的连接优化。

3. 饥饿的商业基础设施 2.0：世界是一个超级“智能商业体”

借由广泛连接和数据催化，网络空间中的“商业链”已经被彻底打通了，任何一个小小的连接优化新物种的诞生都可能会掀起一波剧烈的商业链爆炸过程，这也是当前众多的新兴商业体、商业新物种和独角兽大爆发的主要原因，它们都是某一新物种商业链爆炸后的必然产物，这样的商业链爆炸将会一直持续到“智慧商业”的最终完成。

原则上来讲，网络是一个高效连接的开放空间，当推倒第一块多米诺骨牌后就会到最后一张骨牌倒下才会停止，因此没有什么力量可以阻挡“商业链爆炸”。

唯一能够阻挡“商业链爆炸”的就是网络本身，互联网还没有把所有的传统商业基础设施和商业体都连接起来，包括很多已经连接起来的传统商业基础设施和商业体也没有达到充分连接，而在那些互联网连接不到和连接不充分的地方，就不可能发生“商业链爆炸”，所以也就不可能实现智慧商业的即时商业响应和无缝供需对接。

下一步，智慧商业迫切需要解决的问题就是传统商业基础设施和商业体的“全部接入”和“充分连接”，那么由谁来负责连接它们呢？

答案正是“商业基础设施 2.0”以及层出不穷的“商业新物种”。接下来，它们将会肩负起连接“商业基础设施 1.0”的重任，就如同蚂蚁金服旗下的支付宝已经连接起了两百多家传统银行一样，未来遍布城乡的传统的能源基础设施、原材料及重型装备制造基础设施、建筑基础设施、交通基础设施、银行金融基础设施、楼宇基础设施、通信基础设施、广电基础设施、地理和天气服务基础设施都需要加快连接到整体的智慧商业生态中。

当前的商业基础设施 1.0 要么自己升级成为具有连接和数据属性的“商业基础设施 2.0”，要么主动接入其他商业基础设施 2.0 或为接入其他的商业基础设施 2.0 预留接口。否则，如果我们的商业生态因为商业基础设施 2.0 和商业基础设施 1.0 的南辕北辙而割裂成为一个高效率智慧商业世界和一个低效率的传统商业世界的蹩脚组合，那无异于一场商业灾难。

但不管怎样，“商业基础设施 2.0”将会继续向上倒逼传统商业基础设施改革和拥抱互联网，就如同蚂蚁金服倒逼银行、滴滴倒逼出租车公司拥抱互联网一样。当然，我们希望看到的最好结果，依然是商业基础设施 1.0 主动拥抱商业基础设施 2.0，让中国商业总体的智慧化进程加快，让中国商业社会因此尽快成为一个超级“智能商业体”，屹立于世界商业之巅。

未来，“商业新物种”将会大量地从这一领域里涌现——商业基础设施 1.0 与商业基础设施 2.0 的对接。比如，中国的“超级公路”就是一种公路基础设施 1.0 对接商业基础设施 2.0 产生的新物种，工商银行、陆金所等也是金融商业基础设施 1.0 对接商业基础设施 2.0 产生的新物种，它们都将会呈现出快速“爆发”的发展态势。

一旦这些巨无霸的传统商业基础设施与商业基础设施2.0之间实现无缝的商业对接，必将使中国商业的总体效率提升到一个新的更高水平，商业体的“末端爆发”也将因此出现第二次高潮，届时即时商业响应和无缝供需匹配的时代也将会真正来临，世界商业将进入人类有史以来最好的智能时代。

第四章

青年力量：每一个人尤其是年轻人都终将“爆发”

当前中国经济发展的主要瓶颈，是低效率的传统商业基础设施与经济高质量发展之间存在的巨大矛盾。以银行业、运输业、能源业等为代表的商业基础设施1.0，与新兴的互联网金融平台、智慧物流平台、云计算平台等商业基础设施2.0之间，存在巨大的连接障碍和效率鸿沟，这导致了新旧经济发展的严重“脱节”，传统商业基础设施对整体经济的效率提升和支撑力度明显不够，具体就体现在这些传统商业基础设施不能满足新兴智慧商业的即时商业响应和无缝对接的需要。

可以说，落后的商业基础设施1.0极大限制了商业基础设施2.0的效率提升和新兴商业体的末端爆发。以公路运输为例，传统的拦路收费模式是造成高速公路“幽灵堵车”的重要原因，在没有事故、没有道路施工的情况下，拦路收费造成了道路莫名其妙的拥堵，这极大地影响了整体通行效率和每一个运输车辆的末端爆发，而且总体的社会物流智慧化水平也受限于低效率的公路基础设施，无法得到提升。

可喜的是，近几年来，中国的商业基础设施1.0正在展现出全面“进击”的姿态，包括互联网银行、数字货币、超级公路、智能高铁、5G技术、量子通信、智慧城市群、互联网政务、创客空间、新能源技术、能源互联网、北斗导航系统等商业基础设施1.0的升级版正在加速推进，它们正在成为中国实现商业基础设施1.0与商业基础设施2.0之间无缝对接的关键突破口。

本篇将通过“银行业大变革”“交通运输大变革”“通信行业大变革”“办公空间大变革”“能源行业大变革”“基础服务大变革”六个板块的内容，来对进击的中国商业基础设施1.0及其暗藏的中国大机会进行管中窥豹式的解读。

一、银行业大变革：互联网银行与数字货币

没有商业基础设施1.0的托举，众多的商业基础设施2.0和无数的新兴商业体势必将会成为“空中楼阁”。所以，尽管新兴的商业基础设施2.0的建设日臻完善，但真正决定中国“末端爆发”大机会的因素，还是接下来商业基础设施1.0的连接能力和效率的提升，也就是商业基础设施1.0的智慧化。

首当其冲的就是银行业基础设施的智慧化，它们是商业发展的根基，从根本上决定了未来商业的响应速度和效率。

比尔·盖茨很早就警告说：“传统银行不能对电子化做出改变，

将成为21世纪灭绝的恐龙。”正是在这样的生存压力下，国内的商业银行纷纷上线了网上银行、手机银行等互联网业务，也与诸如阿里、京东等互联网企业合作推出了很多互联网金融服务，但这种“银行+互联网”的商业基础设施改造距离智慧商业的需要还很遥远。

除了智慧化程度不足的原因外，最主要的原因还在于，“银行+互联网”没能改变传统银行“抵押或担保才能贷款”的商业逻辑，没有实现金融普惠。网上银行和手机银行虽然实现了广泛连接，每一个人、每一个商业体都可以通过互联网方便地连接银行，但银行却没有基于互联网大数据、云计算等来改造自身的业务模式，依然是拥有资产的大企业才可以获得贷款，而小企业和个人很难凭借个人信用来获得贷款，因此个体就不可能实现金融普惠和爆发。简言之，“银行+互联网”只有连接革命，而没有效率革命，它们依然不是智慧化的商业基础设施。

当然，进击的商业基础设施1.0不可能到此为止，中国银行业还正在探索一种“互联网银行”模式。所谓互联网银行，是通过云计算、大数据等方式在线实现为客户提供存款、贷款、支付、结算、汇转、电子票证、电子信用、账户管理、货币互换、P2P金融、投资理财、金融信息等全方位无缝、快捷、安全和高效的互联网金融服务机构。

2015年1月4日，国内首家开业的互联网民营银行微众银行完成了第一笔放贷业务——李克强总理在深圳前海微众银行敲下电脑回车键，卡车司机徐军拿到了 3.5 万元贷款，该银行既无营业网点，也无营业柜台，更无须财产担保，而是通过人脸识别技术和大数据信用评级发放贷款。

微众银行采用大数据技术极大地提升了放贷效率，也有利于实现金融普惠，所以它在一定程度上具备了“互联网银行”的雏形。传统银行业的智慧化可以从微众银行中找寻灵感，而不是仅仅停留在“+互联网”的阶段，传统的银行基础设施要从信息化向智慧化转型。

传统银行智慧化转型受制于三个因素，一是广泛连接，二是数据技术，三是大量数据，三者缺一不可。现在，网上银行、手机银行已经可以实现广泛连接，而互联网大数据、云计算、区块链、人工智能等数据技术高度发达，技术因素自然也不是传统银行智慧化转型的障碍，但传统银行智慧化转型最迫切需要的大量“数据”却并不容易得到——互联网公司可以通过电商消费数据等的处理来发展智慧金融服务，比如通过大数据画像就可以轻松判断个人信用情况，但传统银行是无法实时掌控个人的所有交易数据和进行大数据画像的，这成为传统银行智慧化转型的重要障碍。

那么，有没有什么办法可以让传统银行获得大量“数据”呢？

当然有，那就是中国央行将要推出的“数字货币”，它将会帮助解决银行缺少交易数据的问题。

2017 年 2 月，央行推动的基于区块链的数字票据交易平台已测试成功，由央行发行的法定数字货币已在该平台试运行，春节后央行旗下的数字货币研究所也正式挂牌，这意味着在全球范围内，中国央行将成为首个发行数字货币并开展真实应用的中央银行。

中国工商银行金融市场部资深经理周永林透露：“未来，可能出现建立一个分布式的总账，用于登记央行发行的数字货币，里面央行提供免身份核查和免下载基本的数字钱包。银行将来也可能提供数字钱包，原来的银行存款和数字货币打包放在一个数字钱包里面。”

一旦央行基于区块链技术的数字货币上线，现实商业中的每一笔交易都会被区块链清晰记录，这样商业银行就可以被授权读取这些交易数据，海量的交易数据在经过大数据、云计算和人工智能处理之后，就可以用于指导具体的金融服务，而借由海量交易数据的大数据即时处理，传统银行就可以实现真正的智慧化转型，届时银行将可以快捷地为每一个商业体或个人（而不仅仅是大企业）提供高效率的金融服务，金融供给和需求的精确匹配问题将得到完美解决。

二、交通运输大变革：超级公路与智能高铁

中国在全世界都享有“基建狂魔”的称誉。可以说，中国在基建建设方面的能力和优势举世无双，它们也是“中国速度”背后的强大动力，就连美国科技狂人马斯克也不得不为中国基建的速度点

赞，他在社交网站上转发一则“中国工人9小时内建成火车站”的新闻时称：“中国在先进基础设施领域的发展比美国要快100多倍。”

但是，如果基础设施建设只停留在“快”的层面，它们是无法对接未来的智慧商业的，基建领域的基础设施还需要更互联网化和更智能化。事实上，在大基建领域，中国进击的商业基础设施1.0远比“基建狂魔”更超乎想象，以交通运输行业的基础设施建设为例，包括光伏路面、超级公路、智能高铁、智能网联汽车示范区等智慧化、可接入的交通基础设施都正在成为现实。

世界首个光伏路面

2017年12月28日，全球首个承载式光伏高速公路试验段在济南建成通车。这种路面的全称是承载式高速光伏路面，最上面一层是类似毛玻璃的半透明新型材料，摩擦系数高于传统沥青路面，在保证轮胎不打滑的同时，还拥有较高的透光率，可以让阳光穿透它，使下面的太阳能电池把光能转换成电能，实时输送上电网，就好像一个巨大的“充电宝”。

路面下还预留了电磁感应线圈，未来随着电动汽车无线技术的配套，可实现电动汽车在此路段行驶过程中，边跑边充电。同时，光伏路面预留的信息化端口未来还可接入各种信息采集设备，车辆信息、拥堵状况等信息将汇聚成交通大数据，成为智慧城市的一部分。

杭绍甬“超级公路”

2018年3月1日，中国首条超级公路——杭甬复线（宁波段）一期工程海上地质详勘作业全面动工。

规划建设中的杭绍甬高速公路规划全长161公里，将构建大数据驱动的智慧云控平台，通过智能系统、车辆管理，可以有效提升高速公路运行速度，使车辆平均速度提升20%~30%。杭绍甬公路在设计之时，把高时速、太阳能发电、路面光伏发电、高精定位、车路协同等功能考虑进规划议程，该公路将构建国际车联网系统，全面支持自动驾驶，预计该公路将在2020年杭州亚运会前落成。

这条超级高速公路近期能实现自由收费，远期则可以全面支持自动驾驶。浙江省交通运输厅副厅长任忠这样说：“现在上高速，我们都是通过卡口或者ETC收费，将来这条路你开一公里，就会不知不觉地收一公里的钱。”

据浙江省交通运输厅副厅长任忠介绍，该公路近期的目标是，在服务区、收费管理站建设充电桩，为电动车提供充电服务，将通过太阳能发电、路面的光伏发电、插电式充电桩来进行充电，远期上会结合无线充电技术，实现边通车边无线充电。

同时，杭绍甬“超级高速公路”会通过智能化和容错设计，来提升系统的安全性，将事故危害程度降到最低，近期目标是实现全天候快速通行，远期将基于高精定位、车路协同、自动驾驶等综合接入系统，实现“零死亡”。

京张“智能高铁”

助力北京冬奥会的京张高铁将是一条“智能高铁”，京张高铁动车组可实现自动驾驶功能。

目前，中国正在全力推进“智能铁路”蓝图，其中的智能高铁将实现铁路更加安全可靠、更加经济高效、更加温馨便捷的目标，智能高铁将采用云计算、物联网、大数据、人工智能、移动互联网、BIM等先进技术，全面感知、安全运输、融合处理和科学决策，推动铁路从数字化向智能、智慧化发展。

同时，智能高铁列车将使用工作状态自感知、运行故障自诊断、导向安全自决策的智慧动车组，同时将实现全面电子客票、全程Face Only畅通出行、站车5G覆盖、智能引导等运输服务。

光伏路面、超级公路、智能高铁、智能网联汽车示范区等智慧化、可接入的交通基础设施的创新应用，将极大提高中国总体的交通运输效率，其中影响最大的就是“智慧物流”系统，包括菜鸟网络、丰巢网络、京东物流、云鸟配送、满帮集团等商业基础设施2.0的连接能力和配送效率都会有一个质的提升。

三、通信行业大变革：量子通信与5G时代

中国通信行业的基础设施发展可谓非常迅猛，以移动通信技术为例，自20世纪80年代至今，通信技术已经实现了从1G时代到2G、3G至4G时代的转变，我国移动通信网络覆盖面也已经延伸至多数乡镇农村。

截至2017年9月末，中国移动互联网用户总数达到12.3亿户，使用手机上网的用户达11.5亿户，对移动电话用户的渗透率为82.4%。正是这样发达的通信基础设施，支撑起了中国互联网经济的大发展和无数新兴商业体涌现的空前繁荣，智慧商业雏形也因此确立。

现在，中国的通信行业基础设施正在向更高阶的“量子通信”和“5G时代”迈进，未来中国的通信水平和计算能力方面将发生质的提升，并显著提升商业基础设施1.0与商业基础设施2.0的对接水平，这将进一步打开未来中国智慧商业的想象空间。

量子通信和量子计算，将是改写未来互联网格局的杀手级应用，当前的移动互联网、大数据、云计算、人工智能等都将因此而改写，目前这两项技术中国均处在世界领先的行列。

中国的“墨子号”量子科学实验卫星是世界上第一颗空间量子科学实验卫星，于2016年8月16日发射升空，2017年1月18日完成在轨测试。目前“墨子号”量子科学实验卫星已经在中国和奥地利之间实现距离达7600公里的洲际量子密钥分发，并利用共享密钥实现加密数据传输和视频通信。

2018年全国“两会”期间，全国政协委员、“量子之父”、中科院院士潘建伟表示，我国在量子保密通信方面的研究，在国际上处于全面领先，通过未来5到10年的努力，希望能构建一个天地一体化的量子保密通信网络，保护千家万户的信息安全。

目前的量子通信还处在一个“起步阶段”，主要用于传统通信网络的保密通信，距离真正的量子通信还有十分遥远的距离。不过，量子通信已经是国家“十三五”（2016—2020年）规划着力培育发展的战略性产业，未来我国将建设基于量子信息技术全球化的量子通信基础设施，形成完整的量子通信产业链和下一代国家主权信息安全生态系统。

而在量子计算方面，潘建伟介绍，如果能操纵100个粒子，对某些特定问题的求解方面，量子计算能力可以达到全世界计算能力总和的100万倍，是一个非常强大的计算工具，可以解决传统经典计算机解决不了的问题，比如气象预报、药物设计以及物理材料的设计等。在量子计算方面，国内计划通过3到5年的努力，实现50个比特的相干操纵，使其计算能力在某些特定问题的求解上，媲美目前最好的经典超级计算机。

在通信产业的另一条赛道——5G 技术方面，中国也已经是领跑者。中国在全球最早启动了 5G 试验，在北京怀柔建设了全球最大的 5G 试验网络。

5G 第一版国际标准于 2018 年 6 月完成，中国 5G 研发试验第三阶段将于 2018 年年底前完成，重点是系统验证。目前，中国提交 5G 国际标准文稿占全球 32%，牵头标准化项目占比达 40%，无论是推进速度还是质量在全球范围内均属较高。

2018 年是 5G 标准确定和产品研发的关键一年，中国企业也已经处在 5G 应用的“第一梯队”。2017 年 11 月，中兴、高通和中国移动共同宣布成功实现了全球首个基于 3GPP R15 标准的端到端 5G 新空口系统互通；2018 年 2 月，华为也正式面向全球发布了华为首款 3GPP 标准（全球权威通信标准）的 5G 商用芯片——巴龙 5G01 和基于该芯片的首款 3GPP 标准 5G 商用终端。

除了量子通信和 5G 技术外，在全国通信网络建设方面，中国也在向更广泛和高效的连接方向努力。目前，中国正在打造一个名为“鸿雁星座”的全球低轨卫星星座通信系统，该系统将会由 300 多颗卫星和数据业务处理中心组成，具有数据通信、导航增强等功能，可实现全天候、全时段以及在复杂地形条件下的实时双向通信能力，为用户提供全球无缝覆盖的数据通信和综合信息服务。其卫星数据采集功能可实现大地域信息收集，满足海洋、气象、交通、环保、地质、防灾减灾等领域的监测数据信息传送需求，并可为大型能源企业、工程企业等提供全球资产状态监管、人员定位、应急救援和通信服务。其卫星数据交换功能，可提供全球范围内双向、实时数据传输，以及短报文、图片、音频、视频等多媒体数据服务。按照计划，“鸿雁星座”将在2018年发射首颗卫星。

四、办公空间大变革：智慧城市群与创客空间

和商业发展密切相关的办公空间基础设施，也在迎来一场前所未有的大变革，集中体现在中国各地的智慧城市（包括互联网政务）和创客空间的大量涌现，它们正在成为商业基础设施2.0和各种新兴商业体竞相绽放的绝佳土壤。

2018年，德勤发布的《超级智能城市：更高质量的幸福社会》报告显示，目前全球已启动或在建的智慧城市已达1000多个，其中中国以500个试点城市居于首位，远超排名第二的欧洲（90个），且已形成了长三角、珠三角、川渝地区等多个智慧城市群。

报告指出，中国已经将智慧城市写入了国家战略，并投入大量资金，无论是特大型的一线城市，还是中小型城市，皆有智能城市项目落地，并且形成了数个大型智慧城市群，分布在东部沿海以及中西部地区。

图：中国重点智慧城市分布图

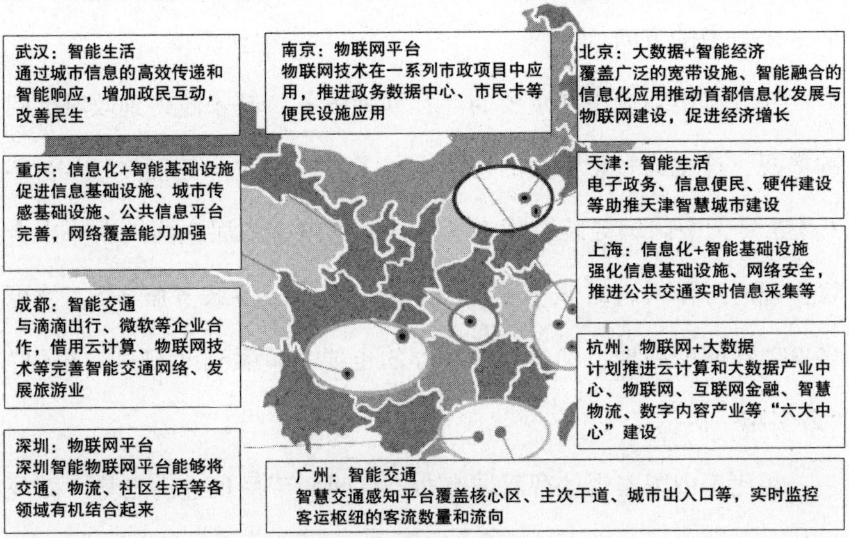

数据来源：中国中央政府和各地政府公开资料；OFweek；德勤研究

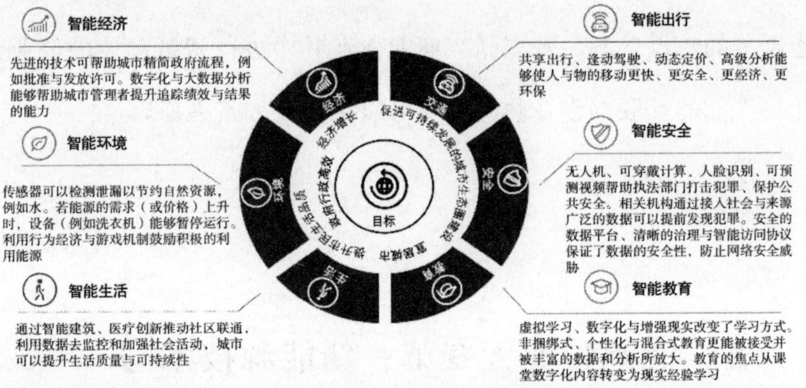

数据来源：德勤研究

中国智慧城市建设呈现出欣欣向荣的局面，但是需要特别指出的是，中国智慧城市的发展也存在严重的各自为政、重复建设以及各城市间缺乏有效连接和协同的现象，这也极大限制了未来智慧商业在全国范围内进行广泛连接和数据催化的潜力及空间。所以，建设全国互联互通、开放共享和高效协同的“智慧城市群”将是我们未来努力的方向。

智慧城市建设中最重要的“互联网政务”越来越得到政府部门的重视，这也为智慧商业的发展赢得了时间和“加速度”。2018 年 3 月 5 日，中国国务院总理李克强在北京向十三届全国人大一次会议作政府工作报告时表示要深入推进“互联网+政务服务”，使更多事项在网上办理，必须到现场办的也要力争做到“只进一扇门”“最多跑一次”。

相比于中国宏观的智慧城市办公空间变革呈现进击之势，微观上的办公空间变革也毫不示弱。自 2015 年国家鼓励“双创”开始，全国各城市掀起了一波创客空间、众创空间、创业孵化器、创业加速器等的建设热潮，众多新兴商业体在其中进行智慧商业的创业孵化，人们的互联网创业热潮简直可以用如火如荼来形容。

五、能源行业大变革：新能源技术与能源互联网

每一次的商业革命，都伴随着“能源革命”的发生，这已经是三次世界工业革命不争的事实。举目全球，每一个商业发达的经济

体，也必然是能源利用领先的经济体，所以能源基础设施的大变革，将是未来智慧商业所要争夺的制高点之一。

未来“智能化时代”对能源利用的要求，要远超过此前的农耕时代、工业时代和信息化时代。“智能化时代”的能源消耗将呈现几何级的增长，包括移动互联网、大数据、云计算、人工智能、区块链、物联网等维持智能商业运行底层技术，都需要消耗大量的远超当前供应能力的能源。

而且，能源的生产、存储、传输和使用，将会渗透到商业的方方面面，甚至可以说是无处不在、无孔不入的，尤其在智慧商业走向物联网建设阶段之后，能源就会像空气一样在涉及人们生活的各个场合都不可或缺。

所以，世界各国需要从两大方面应对未来智慧商业的能源挑战：一是发展新能源技术，告别对传统不可再生的煤炭、石油、天然气等生物能源的依赖，大力发展和利用太阳能发电、风电、水电、核电、潮汐发电等可再生能源，同时着力发展更高效的能源传输（超导、特高压）和存储技术（石墨烯电池、锂电池）等；二是建立智能化的“能源互联网”，构建“分布式生产、分布式存储、分布式供应和分布式使用”的能源基础设施，能源互联网也和互联网一样，每一个人、每一个商业体甚至每一个传感器都可以轻易地接入其中，让能

源利用也形成即时商业响应和最优供需匹配的格局。

目前，在新能源技术方面，中国的水电、风电、太阳能发电装机和核电在建规模稳居世界第一，同时中国是最早开始试点和布局“能源互联网”的国家，目前的中国能源互联网综合试点包括“能源互联网+分布式光伏”全覆盖、“能源互联网+电动汽车”全覆盖、互联网+需求响应和灵活性资源以及互联网+售电公司和能量交易平台等。

早在2015年9月26日，中国国家主席习近平就在纽约联合国总部出席联合国发展峰会上发表讲话称：中国倡议探讨构建全球能源互联网，推动以清洁和绿色方式满足全球电力需求。2016年2月，国家发展改革委、国家能源局、工业和信息化部联合制定的《关于推进“互联网+”智慧能源发展的指导意见》发布，首次明确了能源互联网的建设目标：2016—2018年，着力推进能源互联网试点示范工作，建成一批不同类型、不同规模的试点示范项目；2019—2025年，着力推进能源互联网多元化、规模化发展，初步建成能源互联网产业体系，形成较为完备的技术及标准体系并推动实现国际化。

2017年7月，为落实《关于推进“互联网+”智慧能源发展的指导意见》和国务院第138次常务会议的部署，有效促进能源和信息深度融合，推动能源领域结构性改革，国家能源局以《国家能源局关于组织实施“互联网+”智慧能源（能源互联网）示范项目的通知》公开组织申报“互联网+”智慧能源（能源互联网）示范项目。2017年8月，全国55个首批能源互联网示范项目已陆续开工，中国能源互联网进入实操阶段。

六、基础服务大变革：厘米级定位导航服务

随着智慧城市、智慧物流、无人驾驶、能源互联网和传感器产业等的发展完善，中国智慧商业下一步面临的将是“物联网”建设的提速，而物联网建设离不开基础的高精度、智能化定位导航服务。

事实上，在定位导航基础服务领域中国已经后来居上，2018年中国大陆地区将有望实现“厘米级”的定位导航服务，中国在该领域的基础设施建设已经展现出全面进击的姿态。

目前，中国的北斗卫星导航系统已经进入全球组网的密集发射阶段，随着天空中“北斗”越来越多，其相应的配套服务也在强大起来。比如，北斗地基增强系统“全国一张网”的建设一期正式通过验收，可在全国范围内提供亚米级精准定位服务，在中国的21个省份提供实时动态厘米级精准定位服务，这项技术是由中国兵器工业集团与阿里巴巴合资成立的千寻位置网络有限公司提供的，它基于卫星定位、辅助定位技术、云计算和大数据技术，构建位置服务开放平台，提供实时亚米级至厘米级、后处理静态毫米级的高精

准位置服务。

在千寻位置的推动下，各类北斗高精度定位技术已在自动驾驶、手机定位、智能物流、共享单车监管及无人机应用等领域中广泛使用。目前有 1 亿部手机接入了千寻位置的加速定位服务；43 家整车厂商和解决方案商在研发自动驾驶时，使用千寻位置提供的北斗高精度定位解决方案；在铁路、公路、桥梁、电力、航空等传统领域，也有数以万计的设备使用了千寻位置的高精度定位服务，大大提升了工作效率。

未来，北斗高精度定位服务有望成为全社会共享的一项公共服务，在其赋能之下，智慧城市、自动驾驶、智慧物流等各种应用都将实现真正的大规模商用。

与此同时，2018 年 2 月，云南综合卫星定位服务系统也已正式启用，该系统建设了 220 个卫星导航定位基准站，是已建成的省份、市区中站点数量最多的省级系统，专业用户和特定用户只需使用相关接收设备，就可享受到厘米级、毫米级快速定位。

云南综合卫星定位服务系统是利用卫星定位、计算机网络、数字通信技术构建的连续运行参考站系统，能兼容中国的北斗、美国的 GPS、俄罗斯的格洛纳斯等卫星导航系统信号，实现高精度和中精度导航定位，服务覆盖云南全省及周边区域。该系统的应用主要分三个层次：面向社会公众提供实时亚米级服务；面向专业用户提供实时厘米级服务；面向特定用户提供毫米级服务。